穀梁集解補注

下

〔晋〕范甯 集解
楊鵬 補注

中華書局

卷十

文公

【補注】文公名興，僖公之子，以襄王二十六年即位。案謚法，慈惠愛民曰「文」。

【經】元年，春王，正月，公即位。

【補注】先君未葬，而公即位者，已殯也。定元年傳曰：「殯，然後即位也。」是先君既殯，新君得踰年即位也。禮，天子七日而殯，諸侯五日而殯。

【傳】繼正「即位」，正也。

【集解】繼正，謂繼正卒也。隱去「即位」，以見讓。桓書「即位」，示安忍。莊、閔、僖不言「即位」，皆繼弒。

【經】二月，癸亥，日有食之。

【經】天王使叔服來會葬。

【集解】諸侯喪，天子使大夫會葬，禮也。傳例曰，天子大夫，稱字。蓋未受采邑，故不稱氏。字者，貴稱，故可獨達也。

【傳】葬曰「會」。

【集解】言「會」，明非一人之辭。其志，重天子之禮也。

【經】夏，四月，丁巳，葬我君僖公。

【傳】薨稱「公」，舉上也。

【補注】舉上，謂舉内尊稱。

「葬我君」，接上下也。僖公葬而後舉謚。謚，所以成德也，於卒事乎加之矣。

【經】天王使毛伯來錫公命。

【集解】毛，采邑。伯，字也。天子上大夫也。

【傳】禮，有受命，無來錫命。錫命，非正也。

【經】晉侯伐衛。

【經】叔孫得臣如京師。

【經】衛人伐晉。

【經】秋，公孫敖會晉侯于戚。

【集解】禮，卿不得會公侯。春秋尊魯，内卿大夫可以會外諸侯。戚，衛地。

【經】冬，十月，丁未，楚世子商臣弑其君髡。

【集解】鄭嗣曰：「商臣，繆王也。髡，文王之子，成王也。不言『其父』，而言『其君』者，君之於世子，有父之親，有君之尊。言『世子』，所以明其親也。言『其君』，所以明其尊也。商臣於尊、親盡矣。」

【傳】日髡之卒，所以謹商臣之弑也。

【補注】子弑父，臣弑君，故謹之也。

夷狄不言正不正。

【集解】徐乾曰：「中國君『卒』，正者，例日；篡立不正者，不日。夷狄君『卒』，皆略而不日。所以殊夷夏也。今書日，謹識商臣之大逆爾，不以明髡正與不正。」

【經】公孫敖如齊。

【經】二年，春王，二月，甲子，晉侯及秦師戰于彭衙，

【集解】彭衙，秦地。

【補注】此與下七年「戊子，晉人及秦人戰于令狐」，皆是秦主晉客，而皆以晉及秦者，義詳莊二十八年。

秦師敗績。

【經】丁丑，作僖公主。

【傳】作，爲也，爲僖公主也。

【集解】爲僖公廟作主也。主，蓋神之所馮依，其狀正方，穿中央，達四方，天子長尺二寸，諸侯長一尺。

立主，喪主於虞，

【集解】禮，平旦而葬，日中，反而祭，謂之曰「虞」。其主用桑。

吉主於練。

【集解】期而小祥，其主用栗。

【補注】禮，虞主用桑，練主用栗。虞，猶「安」，安神之祭。虞祭神主用桑木作之，用桑木者，桑，猶「喪」，取副孝子之心也。至練祭則易用栗木作神主，易用栗木者，栗，猶「慄」，取當戰慄謹敬也。案方練作主，乃猶在凶服，而傳曰「吉主」者，何休引士虞記云：「『桑主不文，吉主皆刻而謚之』，蓋爲禘祫時别昭穆也。」是見雖爲練作此主，此主終將舍凶從吉，入廟以辨昭穆，不若虞主之埋於兩階間，傳本其然，故以「吉」言爾。

「作僖公主」，譏其後也。

【集解】僖公薨至此已十五月。

【補注】經曰「作僖公主」，即爲練作吉主也。其當作於前年十一月，至此乃作，故傳曰「後」。

作主壞廟有時日，

【補注】「有時日」者，謂禮有定期也。

於練焉壞廟。壞廟之道，易檐可也，改塗可也。

【集解】禮，親過高祖，則毁其廟，以次而遷，將納新神，故示有所加。

【補注】壞廟，謂遷新主於廟也。易檐，謂更易廟西北角。改塗，謂粉堊廟壁。凡將遷新主於廟，則或爲易檐，或爲改塗，皆是因將遷而稍加脩飾，以有毁舊從新之道，故曰「壞」。案練祭，遷新主祔祭於廟，祭後，新主仍返於寢，三年喪畢，歸於其廟，祫於太祖，明年乃禘。

【經】三月，乙巳，及晉處父盟。

【集解】晉大夫陽處父。

【傳】不言「公」，處父伉也，爲公諱也。

【集解】諱公與大夫盟。去處父氏，公親如晉，使若與其〔一〕君盟，如經言「邾儀父」矣。不書地者，公在晉也。莊二十二年「秋，七月，丙申，及齊高傒盟于防」，不去高傒氏者，公不親如齊，不與其君盟，於恥差降。

何以知其與公盟？以其日也。何以不言公之如晉？所恥也。

【補注】此實公親如晉，將與晉侯盟。至晉，晉侯不出，而使其大夫陽處父來與公盟，恥

〔一〕「其」，原誤作「甚」，據鍾本改。

之，故諱不言「公如晉」。

出不書，反不致也。

【經】夏，六月，公孫敖會宋公、陳侯、鄭伯、晉士穀盟于垂歛。

【集解】垂歛，鄭地。

【傳】内大夫可以會外諸侯。

【經】自十有二月不雨，至于秋七月。

【集解】建午之月，猶未爲災。

【傳】歷時而言「不雨」，文不憂雨也。

【集解】僖公憂民，歷一時輒書「不雨」。今文公歷四時乃書，是不勤雨也。

不憂雨者，無志乎民也。

【集解】無恤民志。

【經】八月，丁卯，大事于大廟，躋僖公。

【集解】大事，祫也。時三年之喪未終，而吉祭於大廟，則其譏自明。

【傳】「大事」者何？大是事也。著祫、嘗。

【集解】祫，合也。嘗，秋祭。

【補注】諸侯夏禘則不禴，秋祫則不嘗，唯天子兼之。魯則祫而兼嘗，乃天子之禮，故經特言「大事」，而傳並言「祫」、「嘗」也。

祫祭者，毁廟之主，陳于大祖。未毁廟之主，皆升，合祭于大祖。

【集解】祫祭者，皆合祭諸廟已毁、未毁者之主於大祖廟中，以昭繆爲次序。父爲昭，子爲穆，昭南鄉，穆北鄉，孫從王父坐也。祭畢，則復還其廟。

躋，升也。先親而後祖也，逆祀也。

【集解】舊説僖公，閔公庶兄，故文公升僖公之主於閔公之上耳。僖公雖長，已爲臣矣。閔公雖小，已爲君矣。臣不可以先君，猶子不可以先父，故以昭穆父祖爲喻。甯曰：「即之於傳，則無以知其然。若引左氏以釋此傳，則義雖有似，而於文不辨。高宗，殷之賢主，猶祭豐于禰，以致雊雉之變，然後率脩常禮。文公傎倒祖考，固不足多怪矣。」親，謂僖。祖，謂莊。

逆祀，則是無昭穆也。無昭穆，則是無祖也。無祖，則無天也，故曰文無天。無天者，是無天而行也。

【集解】祖，人之始也。人之所仰，天也。

君子不以親親害尊尊，此春秋之義也。

【集解】尊卑有序，不可亂也。

【補注】禮云：「門内之治，恩揜義。門外之治，義斷恩。」親親者，門内之治，其以恩尚，私道也。尊尊者，門外之治，其以義尚，公道也。君子知所貴賤，故不以門内視門外，不以私道害公道也。

【經】冬，晉人、宋人、陳人、鄭人伐秦。

【經】公子遂如齊納幣。

【集解】喪制未畢而納幣，書非禮。

【經】三年，春王，正月，叔孫得臣會晉人、宋人、陳人、衛人、鄭人伐沈，沈潰。

【集解】沈，國也。「潰」之爲言，上下不相得。

【經】夏，五月，王子虎卒。

【傳】叔服也。此不「卒」者也。

【集解】外大夫，不書「卒」。

何以「卒」之？以其來會葬我「卒」之也。

【集解】會葬在元年。

或曰，以其嘗執重以守也。

【集解】僖二十四年「天王出居于鄭」，叔服執重任以守國。

【經】秦人伐晉。

【經】秋，楚人圍江。

【經】雨螽于宋。

【傳】外災，不志。此何以志也？曰：災甚也。其甚奈何？茅茨盡矣。

【集解】茅茨猶盡，則嘉穀可知。茨，蒺藜。

著於上，見於下，謂之「雨」。

【補注】宋是王者後，且又災甚，故志之。經以「雨」言，即見螽之多，上下相接然，是其甚也。

【經】冬，公如晉。

【經】十有二月，己巳，公及晉侯盟。

【經】晉陽處父帥師伐楚救江。

【傳】此伐楚，其言「救江」，何也？江遠楚近，伐楚，所以救江也。

【集解】時楚人圍江，晉師伐楚，楚國有難，則江圍自解。

【經】四年，春，公至自晉。

【經】夏，逆婦姜于齊。

【傳】其曰「婦姜」，爲其禮成乎齊也。

【集解】婦禮成于齊，故在齊便稱「婦」。

其逆者誰也？親逆而稱「婦」，或者公與？何其速「婦」之也？

【集解】鄭嗣曰：「皆問者之辭。問者以使大夫逆，例稱『女』。而今稱『婦』，爲是公親逆與？怪稱『婦』速，故反覆推之。」

曰：公也。

【補注】凡稱「婦」，有二義：一爲夫婦之「婦」，是已配之稱，見成婚也。一爲姑婦之

「婦」，是對姑之稱，見姑在也。今文公母在魯，不在齊，故知經稱「婦」者，是夫婦之「婦」。以夫婦之「婦」稱，則知是公逆也。

其不言「公」，何也？

【集解】據莊二十四年「公如齊逆女」言「公」。

非成禮於齊也。

【集解】非，責。

【補注】以夫婦言之，則禮自大夫以上，無問舅姑在否，皆至三月，廟見之後，乃始行婦禮成婚。今在齊便成，故亦略不書「至」，明非禮也。

曰「婦」，有姑之辭也。

【補注】此申姑婦之「婦」義。案春秋，凡姑在者，逆在，則於逆稱「婦」，若「宋蕩伯姬來逆婦」是；至在，則於至稱「婦」，若宣元年「三月，遂以夫人婦姜至自齊」，又成十四年「九月，僑如以夫人婦姜氏至自齊」是。

其不言「氏」，何也？

【補注】春秋凡言夫人，皆當以「氏」配姓。今「逆婦姜于齊」，經唯稱「姜」，而不以「氏」

配，傳遂執以設問。

貶之也。何爲貶之也？夫人與有貶也。

【集解】邵曰：「夫人能以禮自防，則夫婦之禮不成於齊，故譏公而夫人與焉。」

【補注】案「氏」，爲舉族之辭。夫人，當扶正人君。今公行非禮，夫人未能以禮自防，扶正公行，夫人之過也。夫人既過，而夫人之族，用遂成之，亦或嫌失禮，故不言「氏」，見夫人之與有過焉，或及其族也。春秋凡夫人貶，去不言姓者，見有罪過，止於其身，若僖元年「夫人氏之喪至自齊」是。去不言「氏」者，見有罪過，或及其族，若此「逆婦姜于齊」是。姓、「氏」皆去不言者，則見其身罪過重大，其族甚無教道矣，若莊元年「夫人孫于齊」是。皆輕重之差爾，事各見經傳。

【經】狄侵齊。

【經】秋，楚人滅江。

【經】晉侯伐秦。

【經】衛侯使甯俞來聘。

【經】冬，十有一月，壬寅，夫人風氏薨。

【集解】僖公母，風姓。

【經】五年，春王，正月，王使榮叔歸含且賵。

【集解】含，口實也。禮記曰：「飯用米貝，弗忍虚也。」諸侯含用玉。榮叔，天子之上大夫也。榮，采地。叔，字。

【傳】含，一事也。賵，一事也。兼歸之，非正也。

【集解】禮，含、賵、襚，各異人。

其曰「且」，志兼也。

【補注】「且」者，一以兼二之辭。禮，喪事，使上客弔，上介致賵，副介致含，末介致襚。今榮叔一人，而兼兩使，故書「且」，見非正也。

其不言「來」，不周事之用也。

【集解】何休曰：「四年『夫人風氏薨』，九年『秦人來歸僖公成風之襚』，最晚矣，何以言『來』？」鄭君釋之曰：「秦自敗于殽之後，與晉爲仇，兵無休時，乃加免繆公之喪而來，君子原情不責晚。」用，或作「辭」。

賵以早，

【集解】乘馬曰「賵」。乘馬所以助葬，成風未葬，故書早。

而含已晚。

【集解】已殯，故言「晚」。國有遠近，皆令及事，理不通也。禮雜記曰：「含者執璧將命曰：『寡君使某含。』相者入告，出曰：『孤某須矣。』含者入，升堂致命，子拜稽顙。含者坐委於殯東南，有葦席，既葬，蒲席。降，出反位。」明君之於臣，有含賵之義，所以助喪盡恩。含不必用，示有其禮。

【補注】案鄭玄釋廢疾：「天子於二王后之喪，含爲先，襚次之，賵次之。餘諸侯，含之，賵之，小君亦如之。於諸侯之臣，襚之，賵之。其諸侯相於，如天子於二王之后。於卿大夫，如天子於諸侯。於士，如天子於諸侯之臣。京師去魯千里，王室無事，三月乃含，故不言『來』以譏之。」

【經】三月，辛亥，葬我小君成風，

【補注】成，謚也。

王使毛伯來會葬。

【傳】會葬之禮，於鄙上。

【集解】從竟至墓，主爲送葬來。

【補注】禮，葬必於城郭外，故曰「於鄙上」。其必於城郭外者，生死別處，終始異居也。

【經】夏，公孫敖如晉。

【經】秦人入鄀。

【補注】鄀，允姓小國也，在秦、楚之間。

【經】秋，楚人滅六。

【補注】六，偃姓，夷狄之微國也。

【經】冬，十月，甲申，許男業卒。

【經】六年，春，葬許僖公。

【經】夏，季孫行父如陳。

【集解】行父，季友孫。

【經】秋，季孫行父如晉。

【經】八月，乙亥，晉侯驩卒。

【經】冬，十月，公子遂如晉，葬晉襄公。

【經】晉殺其大夫陽處父。

【傳】稱國以殺，罪累上也。襄公已葬，其以累上之辭言之，何也？君漏言也。上泄，則下闇。

【補注】臣既盡忠，爲君謀事，若君不慎密，反泄漏其謀，則有聞之者，或生嫉怒，臣恐罹殃，乃不敢盡言矣。

下闇，則上聾。且闇且聾，無以相通。

【集解】臣闇不言，君無所聞，上下否塞。

夜姑殺者也。

【集解】殺處父。

夜姑之殺奈何？曰：晉將與狄戰，使狐夜姑爲將軍，趙盾佐之。陽處父曰：「不可。古者，君之使臣也，使仁者佐賢者，不使賢者佐仁者。今趙盾賢，夜姑仁，其不可乎？」

【集解】邵曰：「賢者多才也。戰主于攻伐，仁者有惻隱之恩，不如多才者有權略。」

襄公曰：「諾。」謂夜姑曰：「吾始使盾佐女，今女佐盾矣。」

【集解】稱處父語以語之，故傳曰「漏言」也。

夜姑曰：「敬諾！」襄公死，處父主竟上事，

【集解】待諸侯會葬，在鄙上。

夜姑使人殺之。君漏言也。

【集解】親殺者夜姑，而歸罪於君，明由君言而殺之，罪在君也，故稱君以殺。

【補注】處父以夜姑爲仁，夜姑反以怨殺之，則夜姑非「仁」之謂也。其見襄公既失言，而處父亦失人矣。

故士造辟而言，詭辭而出，

【集解】辟，君也。詭辭而出，不以實告人。

【補注】造，謂至見。

曰：「用我，則可。不用我，則無亂其德。」

【集解】此士對君言之辭。

【補注】易引孔子曰：「亂之所生也，則言語以爲階。君不密，則失臣。臣不密，則失身。幾事不密，則害成。是以君子慎密而不出也。」

【經】晉狐夜姑出奔狄。

【經】閏月不告月，猶朝于廟。

【集解】禮，天子以十二月朔政，班告于諸侯，諸侯受於禰廟。孝子尊事先君，不敢自專也。言「朝」者，緣生以事死。親存，朝朝莫夕。不敢泄鬼神，故事畢感月始而朝之。

【傳】「不告月」者，何也？不告朔也。不告朔，則何爲不言「朔」也？閏月者，附月之餘日也，積分而成於月者也。

【集解】一歲三百六十日餘六日，又有小月六，積五歲，得六十日而再閏，積衆月之餘分以成此月。

天子不以告朔，而喪事不數也。

【集解】閏，是叢殘之數，非月之正，故吉凶大事，皆不用也。

「猶」之爲言，可以已也。

【集解】郊，然後三望。告朔，然後朝廟。俱言「猶」，義相類也。既廢其大，而行其細，故譏之。

【經】七年，春，公伐邾。三月，甲戌，取須句。

【傳】取邑，不日。此其日，何也？

【集解】據僖二十六年公伐齊取穀不日。

不正其再取，故謹而日之也。

【集解】僖二十二年公已伐邾取須句，過而不改，於此爲甚，故録日以志之。

【經】遂城郚。

【補注】此接上經「取須句」。

【傳】遂，繼事也。

【集解】因伐邾之師。

【經】夏，四月，宋公壬臣卒。

【經】宋人殺其大夫。

【補注】宋當喪無君，故其大夫亦不名也。

【傳】稱「人」以殺，誅有罪也。

【經】戊子，晉人及秦人戰于令狐，

【集解】令狐，秦地。

晉先蔑奔秦。

【傳】不言「出」，在外也。

【補注】先蔑奔自令狐，令狐，秦地也，其在晉外，是已出矣，故不復言「出」。

輟戰而奔秦，以是爲逃軍也。

【集解】輟，止也。爲將而獨奔，故曰「逃軍」。

【補注】君子之義，内亂不與，外患弗避。輟戰逃軍，恥也。

【經】狄侵我西鄙。

【經】秋，八月，公會諸侯、晉大夫盟于扈。

【集解】扈，鄭地。

【傳】其曰「諸侯」，略之也。

【集解】晉侯新立，公始往會，晉侯不盟，大夫受盟。既以喪娶，又取二邑，爲諸侯所賤，不得序于會，諱使若扈之盟，都不可知，故略之。

【補注】公羊云：「公失序也。公失序，奈何？諸侯不可使與公盟，眣晉大夫使與公盟也。」公所以失序者，爲其失諸侯也。晉大夫不名者，亦略之爾。

【經】冬，徐伐莒。

【補注】徐直稱國，狄之也，與昭十二年「晉伐鮮虞」同。

【經】公孫敖如莒莅盟。

【傳】莅，位也。其曰位，何也？前定也。其不日，前定之盟，不日也。

【經】八年，春王，正月。

【經】夏，四月。

【經】秋，八月，戊申，天王崩。

【集解】襄王。

【經】冬，十月，壬午，公子遂會晉趙盾盟于衡雍。

【集解】衡雍，鄭地。

【經】乙酉，公子遂會雒戎盟于暴。

【集解】鄭地。

【經】公孫敖如京師，

【集解】弔周喪。

【補注】公不親弔，非禮也。義詳定元年。

不至而復。

【補注】臣子受命而出，事畢歸國復命，謂之「復」。

丙戌，奔莒。

【補注】案宣十八年「歸父還自晉，至檉，遂奔齊」，范君引杜預曰：「檉，魯境外，故不言『出』。」則此公子遂奔莒直言「奔」，不言「出奔」者，亦見從外奔。

【傳】不言所至，未如也。

【集解】若其已行，當如公子遂「至黄乃復」，今不言所至，而直言「復」，知其實未如也。

未如，則未復也。

【補注】未如京師，則事未畢；事未畢，則無所以反命。

未如而曰「如」，不廢君命也。

【集解】甯曰：「受命而出，義無私留。書『如京師』，以顯命行于下。不書所至，以表不去之罪。」

未復而曰「復」，不專君命也。

【集解】「復」者，事畢之辭。未如，故知其未復。加畢事之文者，言君命無輒專之道。

其如，非如也。其復，非復也。唯奔莒之爲信，故謹而日之也。

【經】螽。

【經】宋人殺其大夫司馬。

【傳】司馬，官也。

【補注】司馬，主軍旅以平亂之官。

其以官稱，無君之辭也。

【集解】何休曰：「近上七年宋公壬臣卒，『宋人殺其大夫』，不言官。今此在三年中，言官，義相違。」鄭君釋之曰：「七年殺其大夫，此實無君也。今殺其司馬，無人君之德耳。司馬、司城，君之爪牙，守國之臣。乃殺其司馬，奔其司城，無道之甚，故稱官以見輕慢也。」傳例，稱「人」以殺，殺有罪也。此上下俱失之。

【經】宋司城來奔。

【傳】司城，官也。

【補注】司城，即司空，主邦土以居民之官。周人以諱事神，生時之名終將避諱。宋先君武公名「司空」，宋遂改「司空」謂「司城」，所以避武公名也。故取名者，不以國，爲其廢名也；不以官，爲其廢職也；不以山川，爲其廢主也；不以畜生，爲其廢祀也；不以器幣，爲其廢禮也；不以隱疾，爲其不祥也。此即宋之「司城」，則見廢職之類，非所宜也。

其以官稱，無君之辭也。來奔者，不言「出」，舉其接我也。

卷十一

【經】九年，春，毛伯來求金。

【補注】金，亦賻之類。

【傳】求車猶可，求金，甚矣。

【集解】凱曰：「求俱不可，在喪尤甚。不稱『使』者，天子當喪，未君也。」

【補注】禮，三年之喪，二十五月而畢。天子諸侯，雖踰年即位，然三年未畢，猶皆諒陰，使冢宰攝位。案襄王以八年崩，新王雖踰年即位，但以未滿三年，政猶總於冢宰，故無可言「使」也。

【經】夫人姜氏如齊。

【集解】歸寧。

【經】二月，叔孫得臣如京師。

【傳】京，大也。師，衆也。言周必以「衆」與「大」言之也。

【補注】公羊云：「『京師』者何？天子之居也。」爲是天子所居，故必從「衆」、「大」之辭，所以著有宗也。

【經】辛丑，葬襄王。

【補注】此接上經「二月，叔孫得臣如京師」。

【傳】天子志「崩」，不志「葬」。舉天下而葬一人，其道不疑也。志「葬」，危不得葬也。

【集解】不得備禮葬。

日之，甚矣。其不葬之辭也。

【集解】王室微弱，諸侯無復往會葬。

【經】晉人殺其大夫先都。

【經】三月，夫人姜氏至自齊。

【傳】卑以尊致，病文公也。

【集解】夫人行，例不致。乃以君禮致，刺公寵之過。

【補注】范君略例云：「此致而書月者，蓋以非禮致，故書月以刺之。」案春秋，夫人唯始嫁至魯，因其將有廟見禮，義乃得致之書「至」，此外無致夫人義。

【經】晉人殺其大夫士穀及箕鄭父。

【傳】稱「人」以殺，誅有罪也。鄭父累也。

【經】楚人伐鄭。

【經】公子遂會晉人、宋人、衛人、許人救鄭。

【經】夏，狄侵齊。

【經】秋，八月，曹伯襄卒。

【經】九月，癸酉，地震。

【補注】地震，例日。

【傳】震，動也。地，不震者也。震，故謹而日之也。

【集解】穀梁說曰：「大臣盛，將動有所變。」

【補注】劉向以爲，先是時，齊桓、晉文、魯僖二伯賢君新没，周襄王失道，諸侯皆不肖，權傾於下。後宋、魯、晉、莒、鄭、陳、齊皆殺君。

【經】冬，楚子使萩來聘。

【傳】楚無大夫。

【集解】無命卿。

其曰「萩」，何也？以其來我，褒之也。

【經】秦人來歸僖公成風之襚。

【傳】秦人弗「夫人」也。

【集解】言秦人弗以成風爲夫人，故不言「夫人」。

【補注】「秦人弗『夫人』」者，謂秦人名以成風爲僖公之母而來襚，不以成風爲莊公夫人而來襚，是見秦人之不失其禮也。

即外之弗夫人而見正焉。

【集解】見不以妾爲妻之正。

【補注】不正成風爲夫人者，義詳僖八年。

【經】葬曹共公。

【經】十年，春王，三月，辛卯，臧孫辰卒。

【經】夏，秦伐晉。

【經】楚殺其大夫宜申。

【集解】僖四年傳曰：「楚無大夫。」而今云「殺其大夫」者，楚本祝融之後，季連之胄也。而國近南蠻，遂漸其俗，故棄而夷之。今知内附中國，亦轉彊大，故進之。

【經】自正月不雨，至于秋七月。

【傳】歷時而言「不雨」，文不閔雨也。不閔雨者，無志乎民也。

【經】及蘇子盟于女栗。

【集解】女栗，某地。蘇子，周卿士。

【補注】女栗，地闕。蘇子，即僖十年溫子也。國爲狄所滅，遂爲天子内臣。

【經】冬，狄侵宋。

【經】楚子、蔡侯次于厥貉。

【集解】厥貉，某地也。

【補注】厥貉，宋地。

【經】十有一年，春，楚子伐麇。

【補注】麇，蓋荆州國。

【經】夏，叔彭生會晉郤缺于承匡。

【集解】承匡，宋地。

【經】秋，曹伯來朝。

【經】公子遂如宋。

【經】狄侵齊。

【經】冬，十月，甲午，叔孫得臣敗狄于鹹。

【補注】案成公十二年「秋，晉人敗狄于交剛」，傳曰：「夷狄，不日。」此日者，傳下曰：「長狄也，弟兄三人，佚宕中國，瓦石不能害。」蓋以其深爲中國憂，至今乃得殺之，故特重之而書日也。鹹，魯地。

【傳】不言「帥師」而言「敗」，何也？

【集解】據僖元年「公子友帥師敗莒師于麗，獲莒拏」稱「帥師」。

直敗一人之辭也。一人而曰「敗」，何也？以衆焉言之也。

【集解】言其力足以敵衆。

傳曰，長狄也，弟兄三人，佚宕中國，

【集解】佚，猶「更」也。

【補注】「佚宕中國」者，謂頻亂中國也。

瓦石不能害。

【集解】肌膚堅彊，瓦石打擿不能虧損。

叔孫得臣，最善射者也。射其目，身横九畝。

【集解】廣一步，長百步，爲一畝。九畝，五丈四尺。

斷其首而載之，眉見於軾。

【集解】兵車之軾，高三尺三寸。

【補注】軾，車前横木，人所憑者也。

然則何爲不言「獲」也？

【集解】據莒挐言「獲」。

曰：古者，不重創，不禽二毛，故不言「獲」，爲内諱也。

【集解】不重創，恤病也。不禽二毛，敬老也。仁者造次必於是，顛沛必於是，故爲内諱也。既射其目，又斷其首，爲重創。鬢髮白爲「二毛」。

【補注】戰勝執獲曰「禽」。「禽」亦通作「擒」。

其之齊者，王子成父殺之。則未知其之晉者也。

【補注】其之晉者，史傳所不及，故執「未知」以言。

【經】十有二年，春王，正月，郕伯來奔。

【補注】奔魯，故曰「來奔」。此失國也，而不名者，以是同姓，兄弟之國，隱之，不忍見絶世也。

【經】杞伯來朝。

【集解】僖二十七年稱「子」，今稱「伯」，蓋時王所進。

【經】二月，庚子，子叔姬卒。

【傳】其曰「子叔姬」，貴也。

【補注】案僖九年「秋，七月，乙酉，伯姬卒」不曰「子伯姬」。

公之母姊妹也。

【集解】同母姊妹。

其一傳曰，許嫁以「卒」之也。男子二十而冠，冠而列丈夫，三十而娶。女子十五而許嫁，二十而嫁。

【集解】禮，二十而冠，冠而在丈夫之列。譙周曰：「國不可久無儲貳，故天子諸侯十五而冠，十五而娶。娶必先冠，以夫婦之道，王教之本，不可以童子之道治之。禮，十五爲成童，以次成人，欲人君之早有繼體，故因以爲節。書稱成王十五而冠，著在金縢。周禮媒氏曰：『令男三十而娶，女二十而嫁。』内則云：『女子十五而笄。』説曰『許嫁』也。是故男自二十以及三十，女自十五以及二十，皆得以嫁娶。先是則速，後是則晚。凡人嫁娶，或以賢淑，或以方類，豈但年數而已？若必差十年，乃爲夫婦，是廢賢淑方類，苟比年數而已，禮何爲然哉？則三十而娶，二十而嫁，説嫁娶之限，蓋不得復過此爾。故舜年三十無室，書稱曰『鰥』。周禮云女子年二十未有嫁者，仲春之月，奔者不禁。『奔』者，不待禮聘，因媒請嫁而已矣。」甯謂，禮，爲夫之姊妹服長殤，年十九至十六。如此，男不必三十而娶，女不必二十而嫁，明矣。此又士大夫之禮。

【經】夏，楚人圍巢。

【經】秋，滕子來朝。

【經】秦伯使術來聘。

【集解】術，秦大夫。

【補注】術直名者，義詳莊二十六年范君引徐邈説。

【經】冬，十有二月，戊午，晉人、秦人戰于河曲。

【集解】河曲，晉地。

【傳】不言「及」，秦、晉之戰已亟，故略之也。

【集解】亟，數也。夫戰，必有曲直，以一人主之。二國戰鬭數，曲直不可得詳，故略之不言「晉人及秦人戰」。

【補注】戰言「及」者，皆所以别異主客，而戰之曲直，固在其事，其或以主及客，或以客及主者，皆有所以設微言也。今秦、晉之戰已亟，其曲直臧否不可得詳，大義既失，微言何設?故亦略不言「及」也。

【經】季孫行父帥師城諸及鄆。

【傳】稱「帥師」，言有難也。

【補注】若無難，則當直言「城」，不須言「帥師」，若隱七年「夏，城中丘」不言「帥師」。此言「帥師」，明是有難，須帥師以城。

【經】十有三年，春王，正月。

【經】夏，五月，壬午，陳侯朔卒。

【經】邾子蘧篨卒。

【經】自正月不雨，至于秋七月。

【經】大室屋壞。

【集解】「屋」者，主於覆蓋。明廟不都壞。

【補注】大室，魯公伯禽廟也。凡覆於上者謂之「屋」。

【傳】「大室屋壞」者，有壞道也。譏不脩也。

【補注】「有壞道」者，謂屋之敗壞，有其緣故也。以不加修繕，故壞。

大室，猶世室也。

【集解】世世有是室，故言「世室」。

周公曰「大廟」，

【集解】爾雅曰：「室有東西廂曰『廟』。」

伯禽曰「大室」，群公曰「宮」。

【集解】爾雅曰：「宮謂之『室』，室謂之『宮』。」然則其實一也，蓋尊伯禽而異其名。

禮，宗廟之事，君親割，

【集解】割牲。

夫人親舂，

【集解】舂粢盛。

【補注】擣粟曰「舂」。

敬之至也。爲社稷之主，而先君之廟壞，極稱之，志不敬也。

【集解】極稱言「屋壞」，不復依違其文。

【補注】「極稱之」者，謂盡其辭，而不隱避也。

【經】冬，公如晉。

【經】衛侯會公于沓。

【集解】沓，地也。

【補注】沓，衛地。衛、鄭以貳於楚故，畏晉。公如晉，朝且尋盟，故衛侯會公于沓，請平於晉。公還，鄭伯亦會公於棐，請平於晉，公皆成之。二國皆因公以求與晉平，是公爲主焉爾，故曰「衛侯會公」。下「鄭伯會公」亦然。

【經】狄侵衛。

【經】十有二月，己丑，公及晉侯盟。

【補注】盟在晉都。

還自晉。

【傳】「還」者，事未畢也。

【補注】復將有會事，故以未畢之辭言之。

「自晉」，事畢也。

【補注】與晉侯盟事畢也。

【經】鄭伯會公于棐。

【集解】棐，鄭地。

【經】十有四年，春王，正月，公至自晉。

【經】邾人伐我南鄙。

【經】叔彭生帥師伐邾。

【經】夏，五月，乙亥，齊侯潘卒。

【經】六月，公會宋公、陳侯、衛侯、鄭伯、許伯、曹伯、晉趙盾。癸酉，同盟于新城。

【集解】新城，宋地。

【補注】日在「會」下者，先會，然後乃定盟日也。

【傳】「同」者，有同也。同外楚也。

【經】秋，七月，有星孛入于北斗。

【補注】「有星」者，謂孛星也。孛星，亦謂「茀星」，彗星之屬。偏指曰「彗」，芒氣四出曰「孛」。

【傳】「孛」之爲言，猶「茀」也。

【補注】孛、茀義同，皆「亂」也。

其曰「入」北斗，斗有環域也。

【集解】據孛于大辰及東方，皆不言「入」。此言「入」者，明斗有規郭，入其魁中也。劉向曰：「北斗貴星，人君之象也。茀星，亂臣之類。言邪亂之臣，將並弑其君。」

【補注】劉向以爲，君臣亂於朝，政令虧於外，則上濁三光之精，五星羸縮，變色逆行，甚則爲孛。是後宋、魯、莒、晉、鄭、陳六國咸弑其君，齊再弑焉。中國既亂，夷狄並侵，兵革縱横，楚乘威席勝，深入諸夏，六侵伐，一滅國，觀兵周室。晉外滅二國，内敗王師，又連三國之兵，大敗齊師於鞌，追亡逐北，東臨海水，威陵京師，武折大齊。皆孛星炎之所及，流至二十八年。

【經】公至自會。

【經】晉人納捷菑于邾，弗克納。

【傳】是郤克也。其曰「人」，何也？微之也。何爲微之也？長轂五百乘，緜地千里，

【集解】長轂，兵車。四馬曰「乘」。一乘甲士三人，步卒七十二人。五百乘合三萬七千五百人。緜，猶「彌漫」。

過宋、鄭、滕、薛，敻入千乘之國，欲變人之主。

【集解】敻，猶「遠」也。變人之主，謂時邾已立貜且。邾，小國，而言「千乘」者，大郤克之事。

至城下，然後知。何知之晚也？

【集解】征不廟筭，正其得失。勞而遠涉，乃至城下。邾以義拒，然後方悟。貶之曰「人」，不亦宜乎？

「弗克納」，未伐而曰「弗克」，何也？弗克其義也。

【集解】非力不足，義不可勝。

捷菑，晉出也。貜且，齊出也。

【集解】姊妹之子曰「出」。

【補注】出，亦甥也。

玃且，正也。捷菑，不正也。

【集解】正，適。

【經】九月，甲申，公孫敖卒于齊。

【傳】奔大夫，不言「卒」。

【補注】敖以八年奔莒。

而言「卒」，何也？

【集解】據閔二年「公子慶父出奔莒」後不言「卒」。

爲受其喪，不可不「卒」也。

【補注】案下十五年「齊人歸公孫敖之喪」，是受其喪。然則既將有其末，故此亦不得不録其本也。

其地，於外也。

【集解】成十七年「公孫嬰齊卒于貍脤」，傳曰：「其地，未踰竟。」宣八年「仲遂卒于垂」，垂，齊地。然則地，或踰竟，或未踰竟。凡大夫卒在常所，則不地。地者，皆非其常所。隨其所在，而書其地耳，不繫〔一〕於踰竟與不踰竟。

【經】齊公子商人弒其君舍。

【傳】舍未踰年，其曰「君」，何也？成舍之爲君，所以重商人之弒也。

【集解】舍不成君，則殺者非弒也。

商人其不以國氏，何也？不以嫌代嫌也。

【集解】據隱四年「衛州吁弒其君完」不言「公子」。

【集解】春秋以正治不正，不以亂平亂。舍不宜立，有不正之嫌。商人專權，有當國之嫌。故不書國氏，明不以嫌相代。

【補注】太常先生曰：「國氏，則嫌舍宜立，無過也。故存氏以别之。何邵公曰：『商人，本正當立。』故公羊不去『公子』，可參。」

〔一〕「繫」，原誤作「孫」，據鍾本改。

舍之不日，何也？未成爲君也。

【補注】成舍之爲君者，是權成之也，非實成之也，唯以重商人有弑嫡之罪爾，故不日。禮記雜記云：「君薨，大子號稱『子』，待猶君也。」

【經】宋子哀來奔。

【傳】其曰「子哀」，失之也。

【集解】言失其氏族，不知何人。

【經】冬，單伯如齊。

【補注】單，姓。伯，字也。天子之命大夫，故不名。

【集解】單伯，魯大夫。

【經】齊人執單伯。

【補注】此承上經「單伯如齊」。

【傳】私罪也。單伯淫于齊，齊人執之。

【經】齊人執子叔姬。

【補注】此「叔姬」者，舍之母也。

【傳】叔姬同罪也。

【補注】單伯至齊，與叔姬淫。不言「齊人執單伯及子叔姬」者，男女之際，非夫婦不可言「及」，且臣無得及君夫人也。故於叔姬，再舉「執」文，使若相異然，亦所以爲之諱也。

【經】十有五年，春，季孫行父如晉。

【經】三月，宋司馬華孫來盟。

【集解】泰曰：「擅權專國，不君其君，緣其不臣，因曰『無君』。上『司馬』、『司城』皆不名，而此獨名者，以華孫奉使出盟，爲好於我，故書官以見專，録名以存善。」

【傳】司馬，官也。其以官稱，無君之辭也。

【補注】案八年「宋人殺其大夫司馬」、「宋司城來奔」，以無君之辭言之稱官者，是見昭公不君之甚。此「宋司馬華孫來盟」，以無君之辭言之稱官者，是見華孫不臣之甚。兩稱見之者，各有正其君君臣臣之義也。

「來盟」者何？前定也。不言及者，以國與之也。

【補注】春秋前定之盟，例書時。此蓋雖前已結信，然宋比内亂，而來約禮，與亂同事，君子憂之，故書月以謹之也。

【經】夏，曹伯來朝。

【經】齊人歸公孫敖之喪。

【經】六月，辛丑，朔，日有食之。鼓，用牲于社。

【經】單伯至自齊。

【傳】大夫執，則致。致，則名。

【補注】案昭十四年「春，意如至自晉」稱名。

此其不名，何也？

【集解】據昭十四年「意如至自晉」稱名。

天子之命大夫也。

【經】晉郤缺帥師伐蔡。戊申，入蔡。

【經】秋，齊人侵我西鄙。

【傳】其曰「鄙」，遠之也。其遠之，何也？不以難介我國也。

【集解】介，猶「近」也。

【經】季孫行父如晉。

【經】冬，十有一月，諸侯盟于扈。

【集解】諸侯皆會，而公獨不與，故恥而略之。

【補注】案七年「盟于扈」者，爲公不得與，而失其序，是失諸侯，君子諱之，故直略言「諸侯」。此「盟于扈」者，爲公自不與，而無所序，是遠諸侯，君子恥之，故亦直略言「諸侯」也。

【經】十有二月，齊人來歸子叔姬。

【傳】其曰「子叔姬」，貴之也。其言「來歸」，何也？父母之於子，雖有罪，猶欲其免也。

【集解】凱曰：「書『來歸』，是見出之辭。有罪之人，猶與貴稱，書之曰『子』者，蓋父母之恩，欲免罪也。」

【經】齊侯侵我西鄙。遂伐曹，入其郛。

【集解】郛，郭。

【補注】外城曰「郛」，亦曰「郭」。

【經】十有六年，春，季孫行父會齊侯于陽穀，齊侯弗及盟。

【傳】「弗及」者，内辭也。行父失命矣，齊得内辭也。

【集解】行父出會失辭，義無可納，故齊侯以正道拒而弗受。不盟由齊，故得内辭。

【經】夏，五月，公四不視朔。

【傳】天子告朔于諸侯，諸侯受乎禰廟，禮也。

【集解】每月，天子以朔政班于諸侯，諸侯受而納之禰廟，告廟以羊。今公自二月不視朔，至于五月，是後視朔之禮遂廢，故子貢欲去其羊。

「公四不視朔」，公不臣也，以公爲厭政以甚矣。

【集解】天子班朔，而公不視，是不臣。

【經】六月，戊辰，公子遂及齊侯盟于師丘。

【集解】師丘，齊地。

【傳】復行父之盟也。

【集解】春，齊侯不與行父盟，故復使遂脩之。

【經】秋，八月，辛未，夫人姜氏薨。

【集解】僖公夫人。

【經】毁泉臺。

【補注】泉宫之臺。

【傳】喪不貳事。

【補注】親戚之喪，哭踊袒襲，盡哀盡敬，必由衷以致焉爾。故喪禮者，忠之至者也。至忠於喪，無遑貳事。

貳事，緩喪也。

【集解】喪事主哀，而復毁泉臺，是以喪爲緩。

以文爲多失道矣。

【集解】緩作主，躋僖公，四不視朔，毁泉臺之類。

自古爲之，今毁之，不如勿處而已矣。

【集解】若以夫人居之而薨者，但當莫處。

【經】楚人、秦人、巴人滅庸。

【補注】庸，屬楚小國也。

【經】冬，十有一月，宋人弒其君杵臼。

【集解】泰曰：「傳稱『「人」者，衆辭』。衆之所同，則君過可知。又曰：『稱國以弒其君，君惡甚矣。』然則舉國重於書『人』也。」

【經】十有七年，春，晉人、衛人、陳人、鄭人伐宋。

【集解】衛序陳上，蓋主會者降之。

【經】夏，四月，癸亥，葬我小君聲姜。

【經】齊侯伐我西鄙。

【經】六月，癸未，公及齊侯盟于穀。

【經】諸侯會于扈。

【集解】言「諸侯」者，義與上十五年同。

【經】秋，公至自穀。

【經】冬，公子遂如齊。

【經】十有八年，春王，二月，丁丑，公薨于臺下。

【傳】臺下，非正也。

【補注】蓋泉臺下也。

【經】秦伯罃卒。

【補注】不日者，宣十八年傳曰：「夷狄不『卒』，『卒』，少進也。『卒』而不日，日，少進也。日而不言正不正，簡之也。」春秋自殽之戰始狄秦，故亦略不書日。

【經】夏，五月，戊戌，齊人弑其君商人。

【經】六月，癸酉，葬我君文公。

【經】秋，公子遂、叔孫得臣如齊。

【傳】使舉上客，而不稱介。

【補注】介，副也。

不正其同倫而相介，故列而數之也。

【集解】上客，聘[一]主也。禮，大夫爲卿介。遂與得臣俱爲卿，是以同倫爲副使，故兩言之，明無差降。

【經】冬，十月，子卒。

【集解】子赤也。諸侯在喪既葬之稱。

【傳】子「卒」，不日，故也。

【集解】故，殺也。不稱「殺」，諱也。

【補注】公子遂與宣公共殺子赤。

【經】夫人姜氏歸于齊。

【補注】此「歸」者，是大歸也。若「歸寧」，則有時而返。歸不復返，謂之「大歸」。

【傳】惡宣公也。

〔一〕「聘」，原誤作「耳」，據鍾本改。

【集解】姜氏，子赤之母。其子被殺，故大歸也。宣公亦文公之子，其母敬嬴。惡不奉姜氏。

有不待貶絶而罪惡見者，

【集解】泰曰：「直書姜氏之歸，則宣公罪惡不貶而自見。」

有待貶絶而惡從之者。

【集解】齊小白以國氏之類是也。

姪娣者，不孤子之意也。

【集解】言其一人有子，則共養。

【補注】女以不妒爲德，一人有子，夫人、姪娣共喜而愛養之，是不孤子之意也。

一人有子，三人緩帶。

【集解】共望其禄。

【補注】三人，謂夫人、姪、娣。「緩帶」者，優游之稱。諸母愛同，則子亦孝均，不獨奉一母也。

一曰，就賢也。

【集解】若並有子，則就其賢，謂年同也。宣公不奉哀姜，非此之謂，故惡之。

【補注】此論立庶子之義。言若並有子，而太子死，則立其庶長。庶子年同，則立其賢者。年同賢等，則從其卜。今子赤卒，宣公以庶子立，不尊奉姜氏，乃致大歸，既不得「緩帶」之情，亦不通「就賢」之義，故直書姜氏之歸，公惡自見矣。

【經】季孫行父如齊。

【經】莒弒其君庶其。

【集解】傳例曰，稱國以弒其君，君惡甚矣。

【補注】春秋狄莒，故亦略不書日。狄莒義見成九年、昭五年傳。

卷十二

宣公

【補注】宣公名倭，文公之子，子赤庶兄，以匡王五年即位。案謚法，善問周達曰「宣」。

【經】元年，春王，正月，公即位。

【傳】繼故而言「即位」，與聞乎故也。

【經】公子遂如齊逆女。

【集解】不譏喪娶者，不待貶絶而罪惡自見。桓三年傳曰：「逆女，親者也。使大夫，非正也。」

【補注】遂殺子赤，猶稱「公子」者，見宣不以遂爲罪人也。

【經】三月，遂以夫人婦姜至自齊。

【傳】其不言「氏」，

【補注】案成十四年「九月，僑如以夫人婦姜氏至自齊」言「氏」。

喪未畢，故略之也。

【集解】夫人不能以禮自固，故與有貶。

【補注】禮，諸侯妻曰「夫人」。「夫」之言「扶」也，「夫人」之義，言能扶成人君之德也。蓋婚禮遲速，由於夫家，陽倡陰和，原是其禮，然貞女有節，一禮不備，雖倡不行，所以全夫婦之義，成婚姻之道也。今宣公喪娶，已見非禮，其於夫人姜氏，若能知止守節，以禮自固，則夫婦之義有以全，婚姻之道有以成矣，而終不能，故與有貶也。

其曰「婦」，緣姑言之之辭也。遂之挈，由上致之也。

【集解】上，謂宣公。

【補注】大夫不致。此致者，公不親逆，而使大夫，既與夫人並至，故不得不致之也。致則君稱臣名以告廟，故遂不稱「公子」，而直稱名。

【經】夏，季孫行父如齊。

【經】晉放其大夫胥甲父于衛。

【傳】放，猶「屏」也。

【集解】屏，除。

【補注】放，謂受罪黜免，宥之以遠也。

稱國以放，放無罪也。

【經】公會齊侯于平州。

【集解】平州，齊地。離會，故不致。

【經】公子遂如齊。

【經】六月，齊人取濟西田。

【傳】内不言「取」。

【補注】謂不以外「取」内也。與莊九年傳「外不言『取』」義同。

言「取」，授之也。以是爲賂齊也。

【集解】宣公弑立〔一〕，賂齊以自輔。恥賂之，故書齊「取」。

【補注】取邑，例時。此月者，何休以爲，其爲簒嫡而賂齊，罪尤重焉，惡甚，故謹而月之也。

【經】秋，邾子來朝。

【經】楚子、鄭人侵陳，遂侵宋。

【傳】遂，繼事也。

【經】晉趙盾帥師救陳。

【傳】善救陳也。

【經】宋公〔二〕、陳侯、衛侯、曹伯會晉師于棐林，伐鄭。

【集解】棐林，鄭地〔三〕。

〔一〕「宣公弑立」，原誤作「公宣弑入」，據鍾本改。

〔二〕「公」，原作「人」，各本作「公」。案當作「公」是。

〔三〕「鄭地」，原本脱「地」字，據鍾本補。

【傳】列數諸侯，而會晉趙盾，大趙盾之事也。

【集解】大其衛中國，攘夷狄。

其曰「師」，何也？

【集解】據言「會晉師」，不言「會晉趙盾」。

以其大之也。

【集解】以諸侯大趙盾之事，故言「師」〔一〕。「師」者，衆大之辭。

「于棐林」，地而後伐鄭，疑辭也。此其地何？則著其美也。

【集解】泰曰：「夫救災恤患，其道宜速，而方云會于棐林，然後伐鄭，狀似伐鄭有疑，須會乃定。曰：非也。欲美趙盾之功，故詳録其會地。」

【經】冬，晉趙穿帥師侵崇。

【經】晉人、宋人伐鄭。

【傳】伐鄭，所以救宋也。

〔一〕「師」，原誤作「帥」，據鍾本改。

【集解】時楚、鄭侵宋。

【經】二年，春王，二月，壬子，宋華元帥師及鄭公子歸生帥師戰于大棘，宋師敗績，獲宋華元。

【集解】大〔一〕棘，宋地。

【傳】「獲」者，不與之辭也。

【集解】華元得衆甚賢，故不與鄭獲之。

言盡其衆以救其將也。

【集解】先言「敗績」，而後言「獲」，知華元得衆心，軍敗而後見獲。晉與秦戰于韓，未言「敗績」而君已獲，知晉侯不得衆心，明矣。

以三軍敵華元，華元雖獲，不病矣。

【集解】何休曰：「書『獲』，皆生獲也。如欲不病華元，當有變文。」鄭君釋之曰：「將

〔一〕「大」，原誤作「夫」，據鍾本改。

帥見獲，師敗可知，不當復書『師[一]敗績』。此兩書之者，明宋師懼華元見獲，皆竭力以救之，無奈不勝敵耳。華元有賢行，得衆如是，雖師敗身獲，適明其美，不傷賢行。今兩書『敗』、『獲』，非變文如何？」

【經】秦師伐晉。

【經】夏，晉人、宋人、衛人、陳人侵鄭。

【經】秋，九月，乙丑，晉趙盾弑其君夷皋。

【傳】穿弑也。

【集解】穿，趙盾從父昆弟。

盾不弑，而曰「盾弑」，何也？以罪盾也。其以罪盾，何也？曰：靈公朝諸大夫，而暴彈之，

【集解】暴，履暴。

觀其辟丸也。

[一]「師」，原誤作「帥」，據鍾本改。

【補注】靈公行無道，使諸大夫皆内朝，己處臺上，待諸大夫至庭，猝引彈而射之，觀其趨避，以爲戲樂。

趙盾入諫，不聽。出亡，至於郊。

【集解】禮，三諫不聽，則去，待放〔一〕於竟三年。君賜之環，則還。賜之玦，則往。必三年者，古疑獄，三年而後斷，易曰「繼用徽纆，示于叢棘，三歲不得，凶」是也。自嫌有罪〔二〕當誅，故三年不敢去。

【補注】郊，有遠郊、近郊。天子畿内千里，其遠郊百里。以此差之，則上公五十里，侯、伯三十里，子、男十里也。近郊各半之。凡大夫出奔，若越境，則君臣之義亦爲之絶。傳此言「郊」，其見猶在於境，義未得絶也。

趙穿弑公，而後反趙盾。

【集解】招使還。

〔一〕「放」，原誤作「於」，據鍾本改。

〔二〕「罪」，原誤作「衆」，據四庫及鍾本改。

史狐書賊曰：「趙盾弒公。」

【集解】史，國史，掌書記事。狐，其名。

盾曰：「天乎！天乎！予無罪。

【集解】告天，言己無弒君之罪。

孰爲盾而忍弒其君者乎？」

【集解】迴己易他，誰作盾而當忍弒君者乎？

史狐曰：「子爲正卿，

【補注】趙盾爲晉執政卿，將中軍。

入諫不聽，出亡不遠。君弒，反不討賊，則志同。

【集解】志同于穿也。

【補注】其曰「出亡不遠」者，言雖出亡，而猶在於境，君臣之義未得絶也。義之未絶，則反當討賊。

志同，則書重，非子而誰？」

【集解】盾是正卿，又賢，故言「重」。

故書之曰「晉趙盾弒其君夷皐」者，過在下也。

【集解】鄭嗣曰：「成十八年『晉弒其君州蒲』，傳曰：『稱國以弒其君，君惡甚矣。』然則稱臣以弒，罪在臣下也。趙盾弒其君，不言『罪』，而曰『過』者，言非盾親弒，有不討賊之過。」

曰：於盾也，見忠臣之至。於許世子止，見孝子之至。

【集解】邵曰：「盾以亡不出竟，反不討賊，受弒君之罪，忠不至故也。止〔一〕以病不知嘗藥，受弒父之罪，孝不至故也。」

【補注】許世子止事，在昭十九年。

【經】冬，十月，乙亥，天王崩。

【集解】匡王也。

【經】三年，春王，正月，郊牛之口傷。

〔一〕「止」，原作「上」，形近而誤，據鍾本改。

【傳】「之口」，緩辭也。傷自牛作也。

【集解】牛自傷口，非備災之道不至也，故以緩辭言之。

【補注】不妨郊，事不急，故緩言之。

【經】改卜牛，牛死，乃不郊。

【補注】此接上經「郊牛之口傷」。

【傳】事之變也。

【集解】牛無故自傷其口，易牛改卜，復死，乃廢郊禮，此事之變異。

「乃」者，亡[一]乎人之辭也。

【集解】譏宣公不恭，致天變。

【經】猶三望。

【補注】此接上經「乃不郊」。

【經】葬匡王。

〔一〕「亡」，原作「云」，形近而誤，據鍾本改。

【經】楚子伐陸渾戎。

【經】夏，楚人侵鄭。

【經】秋，赤狄侵齊。

【經】宋師圍曹。

【經】冬，十月，丙戌，鄭伯蘭卒。

【經】葬鄭穆公。

【經】四年，春王，正月，公及齊侯平莒及郯，莒人不肯。

【補注】郯，已姓，亦小國也。

【傳】「及」者，内爲志焉爾。「平」者，成也。

【補注】言魯欲促成莒、郯之和。

「不肯」者，可以肯也。

【集解】凱曰：「君子不念舊惡，況爲大國所和乎？」

【經】公伐莒，取向。

【集解】向，莒邑。

【傳】伐，猶可。取向，甚矣。

【集解】以義兵討不平，未若不用兵，以義使平者也，故曰「猶可」也。

莒人辭不受治也。

【集解】乘義取邑，所以不服。

伐莒，義兵也。

【集解】討不釋怨。

取向，非也。乘義而爲利也。

【經】秦伯稻卒。

【經】夏，六月，乙酉，鄭公子歸生弒其君夷。

【經】赤狄侵齊。

【經】秋，公如齊。

【經】公至自齊。

【經】冬，楚子伐鄭。

【經】五年，春，公如齊。

【經】夏，公至自齊。

【經】秋，九月，齊高固來逆子叔姬。

【傳】諸侯之嫁子於大夫，主大夫以與之。

【集解】婚禮，主人設几筵于廟，以待迎者。諸侯、大夫尊卑不敵，故使大夫爲之主。

「來」者，接内也。不正其接内，故不與夫婦之稱也。

【集解】「來」者，謂高固。高固，齊之大夫，而今與君接婚姻之禮，故不言「逆女」。

【經】叔孫得臣卒。

【經】冬，齊高固及子叔姬來。

【傳】「及」者，及吾子叔姬也。爲使來者，不使得「歸」之意也。

【集解】高固受使來聘，而與婦俱歸，故書「及」，以明非禮。莊二十七年冬「杞伯姬來」，僖二十八年秋「杞伯姬來」，皆不言所及，是使得「歸」之意。

【補注】不正其乘聘事而歸也。禮，婦人既嫁，除歲返之外，若無大故，不得歸宗。

【經】楚人伐鄭。

【經】六年，春，晉趙盾、衛孫免侵陳。

【傳】此帥師也，其不言「帥師」，何也？

【集解】據元年「趙盾帥師救陳」言「帥師」也。

不正其敗前事，故不與「帥師」也。

【集解】元年救，而今更侵之。

【補注】若言「帥師」，則見有衆與大之辭。此既不正其先救後侵，故亦小之而折其辭也。

【經】夏，四月。

【經】秋，八月，螽。

【經】冬，十月。

【經】七年，春，衛侯使孫良夫來盟。

【傳】「來盟」，前定也。不言及者，以國與之。不言其人，亦以國與之。不日，前定之盟，不日。

【經】夏，公會齊侯伐萊。

【補注】萊，東夷國也。

【經】秋，公至自伐萊。

【經】大旱。

【經】冬，公會晉侯、宋公、衛侯、鄭伯、曹伯于黑壤。

【集解】黑壤，某地。

【補注】黑壤，晉地。

【經】八年，春，公至自會。

【經】夏，六月，公子遂如齊，至黃乃復。

【集解】蓋有疾而還。黄，齊地。

【傳】「乃」者，亡乎人之辭也。

【集解】鄭嗣曰：「大夫受命而出，雖死，以尸將事。今遂以疾而還，失禮違命，故曰『亡乎人』，言魯使不得其人也。」

【補注】案聘禮，賓入境而死，介攝其命。歸，介復命，柩止於門外。介卒復命，出，奉柩送之。君弔，卒殯。

「復」者，事畢也，不專公命也。

【集解】遂以疾反，而加「事畢」之文者，是不使遂專命還。

【經】辛巳，有事于大廟。

【補注】有事，謂祭也。

仲遂卒于垂。

【集解】祭于大廟之日，而知仲遂卒。垂，齊地。

【傳】爲若反命，而後卒也。

【集解】先書「復」，復言「卒」，使若遂已反命于君，而後卒于垂。

【補注】義與成十七年公孫嬰齊同。

此公子也，其曰「仲」，何也？疏之也。

【集解】僖十六年傳曰：「大夫不言『公子』、『公孫』，疏之也。」

何爲疏之也？是不「卒」者也。

【集解】遂與宣公共弑子赤。

【補注】弑君之罪，當必討之，義不合書「卒」，故春秋不録。

不疏，則無用見其不「卒」也。

【集解】若書「公子」，則與正卒者同，故去「公子」以見之。

則其「卒」之，何也？

【集解】據公子翬不書「卒」。

以譏乎宣也。其譏乎宣，何也？聞大夫之喪，則去樂卒事。

【集解】去籥、萬，卒祭事。言今不然。

【補注】「去樂卒事」，謂撤樂以畢祭也，義詳昭十五年。

【經】壬午，猶繹。

【補注】此承上經「仲遂卒于垂」。

【傳】「猶」者，可以已之辭也。「繹」者，祭之旦日之享賓也。

【補注】繹，陳也。復陳昨日之禮，所以賓尸。夏曰「復胙」，殷曰「肜」，周曰「繹」。旦日，明日也。案禮記檀弓，仲遂卒於垂，壬午，猶繹，萬入，去籥，孔子曰：「非禮也。卿卒，不繹。」

萬入，去籥。

【集解】萬，舞名。籥，管也。

【補注】此接上經「猶繹」。經曰「萬入，去籥」，見其仍納萬舞，唯藏籥管爾。其仍納萬舞，則如未徹樂也。

【傳】以其爲之變，譏之也。

【集解】内舞，去籥，惡其聲聞。此爲卿變於常禮，是知其不可而爲之。

【補注】變，謂去籥。萬，舞也，舞無聲。籥，管也，管有聲。雖無聲有聲，皆樂事也。禮，君祭，聞大夫之喪，則撤樂以畢祭，不繹。今宣公聞仲遂之喪，唯藏其有聲之籥，而猶行繹，忍悖禮之大體，反度樂之小節，是矯揉所行，彊且僞已，故譏之。

【經】戊子，夫人熊氏薨。

【集解】宣公妾母。

【經】晉師、白狄伐秦。

【經】楚人滅舒鄝。

【補注】案此舒鄝，並成十七年舒庸，襄二十五年舒鳩，皆偃姓，夷狄國也。

【經】秋，七月，甲子，日有食之，既。

【經】冬，十月，己丑，葬我小君頃熊。

【集解】文夫人姜氏，大歸于齊，故宣公立己妾母爲夫人。君以夫人禮卒、葬之，故主書者不得不以爲夫人，義與成風同。

雨，不克葬。

【傳】葬既有日，不爲雨止，禮也。「雨，不克葬」，喪不以制也。

【集解】徐邈曰：「案經文，是己丑之日葬，喪既出而遇雨。若未及己丑而卻期，無爲逆書此日。葬禮，喪事有進無退。又士喪禮有潦車載蓑笠，則人君之張設，固兼備矣。禮，先遷柩於廟，其明昧爽而引，既及葬日之晨，則祖行遣奠之禮設矣，故雖雨，猶終事，不敢停柩久次。」

【經】庚寅，日中而克葬。

【補注】此承上經「不克葬」。

【傳】「而」，緩辭也，足乎日之辭也。

【補注】案定十五年「戊午，日下稷，乃克葬」，傳曰：「『乃』，急辭也，不足乎日之辭也。」是二文對爲緩急。日中，謂午時。雨至午時而止，時猶未晚，不妨葬事，故以緩辭，而曰「足乎日」。下稷，猶「下昃」，謂申時末日暮時。雨至日暮方止，時已偏晚，恐妨葬事，故以急辭而曰「不足乎日」。

【經】城平陽。

【經】楚師伐陳。

【經】九年，春王，正月，公如齊。

【集解】有母之喪，而行朝會，非禮。

【經】公至自齊。

【經】夏，仲孫蔑如京師。

【經】齊侯伐萊。

【經】秋，取根牟。

【補注】魯取之。此滅也，内諱「滅」，故變文以言之。案隱二年「無侅帥師入極」，亦諱「滅」，故變「滅」言「入」，此則變「滅」言「取」者，「取」，易辭也。以難曰「入」，以易曰「取」。根牟，東夷國也。夷狄滅，例時。

【經】八月，滕子卒。

【經】九月，晉侯、宋公、衛侯、鄭伯、曹伯會于扈。

【補注】月者，爲下「晉侯黑臀卒于扈」日起。

【經】晉荀林父帥師伐陳。

【經】辛酉，晉侯黑臀卒于扈。

【傳】其地，於外也。其日，未踰竟也。

【集解】外，謂國都之外。諸侯卒於路寢，則不地。傳例曰，諸侯正卒，則日。不正，則不日。舊説踰竟，亦不日。然則諸侯不正，而與踰竟無以别之矣。案襄七年鄭伯「卒于操」，此年晉侯「卒于扈」，文正與襄二十六年許男「卒於楚」同，恐後人謂操、扈是國，故於疑似之際，每爲發傳曰「未踰竟也」。

【補注】春秋諸侯正卒，凡不在國都，例稱地以明之。其未踰境者，例得書日以明正。若已踰境，則例不得書日以明正，僅存月以見踰境爾。唯其踰境已顯者，乃得書日以别嫌，若襄二十六年「八月，壬午，許男甯卒于楚」，范君曰：「許男『卒』于楚，則在外已顯，日『卒』，明其正。」是許男甯卒於楚都，遂得言「楚」，言「楚」，則踰境顯矣，故得書日以明正。若卒在楚邑，則唯得言邑，不得言「楚」。言邑，不若言「楚」之即辨，不得謂「顯」，故踰境而卒邑，猶當不日也。案春秋，諸侯不正者「卒」，例不得書日以見嫌。然則諸侯之不正而踰境卒者，似無所以見嫌矣，然穀梁家師舊亦有踰境不日之説，既有其説，必有因以釋之者，惜其師説式微，益見不傳，遂不得知爾。

【經】冬，十月，癸酉，衛侯鄭〔一〕卒。

〔一〕「衛侯鄭」，原本脱「侯」字，據石經本補。

【經】宋人圍滕。

【經】楚子伐鄭。

【經】晉郤缺〔一〕帥師救鄭。

【經】陳殺其大夫泄冶。

【傳】稱國以殺其大夫，殺無罪也。泄冶之無罪，如何？陳靈公通于夏徵舒之家。

【補注】凡旁淫曰「通」。孔子曰：「諸侯非問疾弔喪而入諸臣之家，是謂君臣爲謔。」

公孫寧、儀行父亦通其家。

【集解】二人，陳大夫。

或衣其衣，或衷其襦，

【集解】「衷」者，襦在衷也。

以相戲於朝。泄冶聞之，入諫曰：「使國人聞之，則猶可。使仁人聞之，則不可。」

【補注】諷陳國之無仁人也。爲人臣者，不奪君美，故不顯諫，禮也。

〔一〕「缺」，原誤作「鈌」，據鍾本改。

君愧於泄冶，不能用其言，而殺之。

【補注】既愧於其言，又不能受以自省，遂至恚恨，因而殺之。

【經】十年，春，公如齊。

【經】公至自齊。

【經】齊人歸我濟西田。

【傳】公娶齊，齊由以爲兄弟反之。

【集解】齊由以婚族故，還魯田。爾雅釋親曰：「婦之黨，爲婚兄弟。」不言「來」，公如齊受之也。

【經】夏，四月，丙辰，日有食之。

【經】己巳，齊侯元卒。

【集解】傳例曰，言日不言朔，食晦日。則此「丙辰」，晦之日也。「己巳」在晦日之下，五月之上，推尋義例，當是閏月矣。文六年傳曰：「『閏月』者，附月之餘日。」言閏承前月，而受其餘日，故書閏月之日，繫前月之下，蓋史策常法。文有定例，閏有常體，無嫌不明，故不復每月發傳。哀五年公羊傳曰：「閏月不書，此何以書？」推此言之，則春秋固有在閏月而不冠以「閏」者矣。至於「閏不告月，猶朝于廟」，「閏月，葬齊景公」，不正其閏，無以言其事，故書，見變禮。

【經】齊崔氏出奔衛。

【傳】「氏」者，舉族而出之之辭也。

【集解】何休曰：「『氏』者，譏世卿也。即稱『氏』爲舉族而出，『尹氏卒』，寧可復以爲舉族死乎？」鄭君釋之曰：「云『舉族死』，是何妖問甚乎？『舉族而出之之辭』者，固譏世卿也。崔杼以世卿專權，齊人惡其族，今出奔，既不欲其身反，又不欲國立其宗後，故孔子順而書之曰『崔氏出奔衛』，若其舉族盡去之爾。」

【經】公如齊。

【經】五月，公至自齊。

【經】癸巳，陳夏徵舒弑其君平國。

【經】六月，宋師伐滕。

【集解】月者，蓋爲下齊惠公「葬」速起。

【經】公孫歸父如齊，葬齊惠公。

【補注】惠公以四月卒，至此六月，才三月即葬，太速，明是有故也。

【經】晉人、宋人、衛人、曹人伐鄭。

【經】秋，天王使王季子來聘。

【傳】其曰「王季」，王子也。

【補注】王太子母弟。

其曰「子」，尊之也。

【集解】「子」者，人之貴稱。

聘，問也。

【經】公孫歸父帥師伐邾，取繹。

【經】大水。

【經】季孫行父如齊。

【經】冬，公孫歸父如齊。

【經】齊侯使國佐來聘。

【經】饑。

【經】楚子伐鄭。

【經】十有一年，春王，正月。

【經】夏，楚子、陳侯、鄭伯盟于夷陵。

【集解】夷陵，齊地。

【經】公孫歸父會齊人伐莒。

【經】秋，晉侯會狄于欑函。

【集解】欑函，狄地。

【傳】不言「及」，外狄也。

【集解】所以異之於諸夏。

【補注】案春秋，凡外諸侯會，例皆列數以言，若桓二年「蔡侯、鄭伯會于鄧」，莊十三年「春，齊人、宋人、陳人、蔡人、郳人會于北杏」是。其夷狄若進之者，亦得列數，書若「晉侯、狄人會于欑函」。若無所進，則不得列於諸夏，宜言「及」以別尊卑，書若「晉侯及狄會于欑函」。言「及」，雖別序尊卑，猶見内與。今狄既不列數，又不言「及」，明是外之也。

【經】冬，十月，楚人殺陳夏徵舒。

【集解】變「楚子」言「人」者，弑君之賊，若曰人人所得殺也。其月，謹之。

【補注】陳不能自討賊，而藉楚之力，有緩於臣子義，故書月以謹之。

【傳】此入而殺也。其不言「入」，何也？

【集解】據入國乃得殺。

外徵舒於陳也。其外徵舒於陳，何也？

【集解】據徵舒，陳大夫，不應外。

明楚之討有罪也。

【集解】雍曰：「經若書『楚子入陳殺夏徵舒』者，則『入』者，内不受，是無以表徵舒之悖逆，楚子〔一〕之得正。」

【經】丁亥，楚子入陳。

【補注】此承上經「楚人殺陳夏徵舒」。

【傳】「入」者，内弗受也。日「入」，惡入者也。何用弗受也？不使夷狄爲中國也。

【集解】楚子入陳，納淫亂之人，執國威柄，制其君臣，傎倒上下，錯亂邪正，是以夷狄爲中國。

【補注】經於前殺夏徵舒不言「入」，於此言「入」者，前正，而此不正也。

【經】納公孫寧、儀行父于陳。

【補注】此接上經「楚子入陳」。

【傳】「納」者，内弗受也。輔人之不能民而討，猶可。

【集解】雍曰：「輔相鄰國，有不能治民者，而討其罪人，則可。而曰『猶可』者，明鄰國之君無輔相之道。」

〔一〕原本「子」前脱「楚」字，據鍾本補。

入人之國，制人之上下，使不得其君臣之道，不可。

【集解】二人與昏淫，當絕，而楚彊納之，是制人之上下。

【經】十有二年，春，葬陳靈公。

【集解】傳例曰，失德〔一〕不「葬」。君弒，賊不討，不「葬」，以罪下也。日「卒」時「葬」，正也。靈公淫夏姬，殺泄冶，臣子不能討賊，踰三年，然後葬，而日「卒」時「葬」，何也？泰曰：「楚已討之矣，臣子雖欲討之，無所討也，故君子即而恕之，以申臣子之恩。稱國以殺大夫，則靈公〔二〕之惡，不嫌不明。書『葬』，以表討賊，不言靈公無罪也。踰三年而後葬，則國亂居可知矣。非日月小有前卻，則書時不嫌。」

【補注】隱三年范君引傳例曰：「諸侯時『葬』，正也。月『葬』，故也。日者憂危最甚，不得備禮葬也。」禮，諸侯五月而葬。靈公十年見弒，至此乃葬，踰三年，是憂危之甚，而經不

〔一〕「德」，原誤作「得」，據鍾本改。

〔二〕「靈公」及下「不言靈公無罪」之「靈公」，原皆作「林公」，據鍾本改。

書日，亦不月者，以葬踰三年，既明見於經，則其憂危不待日月而易可知矣，故不嫌書時。

【經】楚子圍鄭。

【經】夏，六月，乙卯，晉荀林父帥師及楚子戰于邲，晉師敗績。

【集解】邲，鄭地。

【補注】荀林父，臣也。楚子，君也。此得以臣「及」君，而不變文者，先中國也。

【傳】績，功也。功，事也。日其事，敗也。

【補注】晉伯事之敗，終於戰邲。此日者，自爲「戰」發例外，又别爲憫晉之敗於彊楚而目之申義也。

【經】秋，七月。

【經】冬，十有二月，戊寅，楚子滅蕭。

【補注】蕭，卑國也。卑國滅，例月。此日者，徐邈云：「蕭君有賢德，故書日也。」

【經】晉人、宋人、衛人、曹人同盟于清丘。

【集解】清丘，衛地。

【經】宋師伐陳。
【經】衛人救陳。

【經】十有三年，春，齊師伐莒。
【經】夏，楚子伐宋。
【經】秋，螽。
【經】冬，晉殺其大夫先穀。

【經】十有四年，春，衛殺其大夫孔達。
【經】夏，五月，壬申，曹伯壽卒。
【經】晉侯伐鄭。
【經】秋，九月，楚子圍宋。
【補注】此月者，爲下「葬曹文公」起。

【經】葬曹文公。

【經】冬，公孫歸父會齊侯于穀。

【經】十有五年，春，公孫歸父會楚子于宋。

【經】夏，五月，宋人及楚人平。

【補注】案定十一年「冬，及鄭平」，范君引傳例曰：「盟不日者，渝盟，惡之也。取夫詳略之義，則平不月者，亦有惡矣。蓋不能相結以信。」是平者，例當月也。若昭七年「春王，正月，暨齊平」，又定十年「春王，三月，及齊平」，皆月。

【傳】「平」者，成也。善其量力而反義也。

【集解】各自知力不能相制，反共和之義。

「人」者，衆辭也。平，稱衆，上下欲之也。外平，不道。以吾人之存焉，道之也。

【集解】吾人，謂大〔一〕夫歸父。

〔一〕「大」，原誤作「人」，據鍾本改。

【補注】「以吾人之存焉」者，上經「公孫歸父會楚子于宋」是。歸父既在焉，則其猶內事矣。春秋之於內事也，有諱而無遺。

【經】六月，癸卯，晉師滅赤狄潞氏，以潞子嬰兒歸。

【補注】狄有赤狄、白狄，就其赤、白之間，又各自別有種類。夷狄祖其雄豪，子孫遂稱豪名爲種，若中國之始封君。潞，即赤狄之内，別種一國。故曰「赤狄潞氏」，見唯滅別種之一國，非赤狄之全類也。古者，天子建德，因生以賜姓，胙之土而命之氏，即以國名爲氏。但華夏不須言「夏」，國名不以「氏」配。「潞」既須言「狄」，則單國不復成文，乃加以「氏」配。其邑亦如之，若十六年「甲氏」是。案僖十七年「英氏」，亦稱「氏」，而不繫「狄」者，以是黜國。黜國，則非若此潞氏之實是狄種。故英氏雖稱「氏」，猶不繫「狄」，明不盡與相同也。

【傳】滅國，有三術。

【集解】術，猶「道」也。

中國，謹日。卑國，月。夷狄，不日。

【集解】卑國，謂附庸之屬。襄六年傳曰：「中國，日。卑國，月。夷狄，時。」此謂

「三術」。

【補注】「夷狄，不日」，即襄六年傳所謂「夷狄，時」也。而傳此以「不日」言之者，案襄六年傳曰「時」，謂總例也。然經間有變例書日者，若此潞氏是，故傳因曰「不日」，以申經之所以爲書日也。

其曰，潞子嬰兒賢也。

【補注】此解經於赤狄潞氏之滅所以書日者。爲潞子能慕中國而離夷狄，君子賢其嚮道，故於國滅書日，並録其名，是進之使從中國例也。或亦「曰」當作「日」，蓋形近而誤也。夷狄之進，雖大稱「子」，故曰「潞子」。

【經】秦人伐晉。

【經】王札子殺召伯、毛伯。

【補注】天子之大夫，雖殺亦不名，唯「卒」稱名。

【傳】「王札子」者，當上之辭也。

【補注】當上，謂以臣代君，以下當上也。昭十三年傳曰：「『當上之辭』者，謂不稱『人』以殺，乃以君殺之也。」

「殺召伯、毛伯」，不言「其」，何也？

【集解】解經不言「殺其大夫」。

兩下相殺也。

【補注】非天王殺之，乃王札子殺之也。召伯、毛伯，非王札子之臣，故不得言「殺其大夫」。

兩下相殺，不志乎春秋。此其志，何也？矯王命以殺之，非忿怒相殺也。故曰，以王命殺也。

【集解】以王命殺，謂言「王札子殺召伯、毛伯」，是知以王命而殺之。

【補注】詐稱曰「矯」。王札子詐稱王命以殺召伯、毛伯，是以己代當天王。以臣代君，以下當上，則不純若兩下相殺，其君命見侵，故得志之春秋。

以王命殺，則何志焉？

【補注】此設問其義。

爲天下主者，天也。繼天者，君也。

【補注】此「君」者，謂天子。

君之所存者，命也。爲人臣，而侵其君之命而用之，是不臣也。爲人君，而失其命，是不君也。君不君，臣不臣，此天下所以傾也。

【補注】夫命也者，君臣之繫，名器所主焉爾。若其可奪，則亦名器可僭，是將失所主矣。孔子曰：「唯器與名不可以假人，君之所司也。信以守器，器以藏禮，禮以行義，義以生利，利以平民，政之大節也。若以假人，與人政也。政亡，則國家從之，弗可止也已。」

【經】秋，螽。

【經】仲孫蔑會齊高固于無婁。

【集解】無婁，杞邑。

【經】初税畝。

【補注】斂穀曰「税」。

【傳】「初」者，始也。古者，什一，

【集解】一夫一婦，佃田百畝，以其五口，父、母、妻、子也。又受田十〔一〕畝爲公田，公田在内，私田在外。此一夫一婦，爲耕百一十畝。

〔一〕原本「十」下衍「五」字，各本無，據删。

【補注】何休云：「多於五口，名曰『餘夫』。餘夫以率受田二十五畝。」

藉而不稅。

【集解】藉此公田而收其入，言不稅民。

【補注】「藉」者，公家之常徭。言徭民力於公田而已，不復稅民之私也。

初稅畝，非正也。古者，三百步爲「里」，名曰「井田」。「井田」者，九百畝，公田居一。

【集解】出除公田八十畝，餘八百二十畝。故井田之法，八家共一井，八百畝餘二十畝，家各二畝半爲廬舍。

【補注】井田之數，私田八百畝，公田一百畝，公田之上，又每家分居二畝半，凡八家，共居二十畝，是實治公田八十畝，家十畝，合私田，家治一百一十畝。其治田之法，公田治畢，乃治私田，先公後私之義也。

私田稼不善，則非吏。

【集解】非，責也。吏，田畯也。言吏急民，使不得營私田。

公田稼不善，則非民。

【集解】民勤私也。

「初税畝」者，非公之去公田而履畝，十取一也。

【補注】案孟子，白圭曰：「吾欲二十而取一，何如？」孟子曰：「子之道，貉道也。萬室之國，一人陶，則可乎？」曰：「不可，器不足用也。」曰：「夫貉，五穀不生，惟黍生之。無城郭宫室、宗廟祭祀之禮，無諸侯幣帛饔飧，無百官有司，故二十而取一而足也。今居中國，去人倫，無君子，如之何其可也？陶以寡，且不可以爲國，況無君子乎？欲輕之於堯舜之道者，大貉小貉也。欲重之於堯舜之道者，大桀小桀也。」故什一者，堯舜之道，中平之法也。今宣公除去公田之外，又税私田之十一，其不善教治産，唯峭賦以填用，損民以補官，是越堯舜而行桀道，有忘君分矣，故非之。

以公之與民，爲已悉矣。

【集解】悉，謂盡其力。

古者，公田爲居，

【集解】八家共居。

井竈葱韭盡取焉。

【集解】損其廬舍，家作一園，以種五菜，外種楸桑，以備養生送死。

【補注】何休云：「種穀，不得種一穀，以備災害。田中不得有樹，以妨五穀。還廬舍種桑荻雜菜，畜五母雞，兩母豕，瓜果種疆畔，女尚蠶織，老者得衣帛焉，得食肉焉，死者得葬焉。」

【經】冬，蝝生。

【補注】蝝，蝒始生也。一曰，蝗始生。

【傳】蝝，非災也。其曰「蝝」，非稅畝之災也。

【集解】凡春秋記災，未有言「生」者。「蝝」之言，「緣」也。緣宣公稅畝，故生此災以責之。非，責也。

【補注】蝝冬始生，不足爲災，責公亂制貪利，故特以爲災紀也。

【經】饑。

【經】十有六年，春王，正月，晉人滅赤狄甲氏及留吁。

【集解】甲氏、留吁，赤狄別種。晉既滅潞氏，今又並盡其餘邑也。滅夷狄，時。賢嬰兒，故滅其餘邑猶月。

【補注】甲氏、留吁非國，而曰「滅」者，以是潞氏大邑，故重之以「滅」言。留吁言「及」，小於甲氏也。

【經】夏，成周宣榭災。

【集解】成周，東周，今之洛陽。宣榭，宣王之榭。爾雅曰：「室有東西廂曰『廟』。無東西廂，有室曰『寢』，無室曰『榭』。」傳例曰，國曰「災」，邑曰「火」。

【補注】「成周」者，周之下都，周公所營，時將遷殷頑民，以成周道，故曰「成周」。案昭二十二年夏，景王崩，敬王即位，王子猛與之爭立，入於王城，自號「西周」，故天下因號「成周」爲「東周」矣。及猛卒，尹氏又立王子朝，敬王則避狄泉。後子朝奔楚，而餘黨多在王城，敬王畏其黨，乃徙居成周，遂爲京師，昭三十二年「城成周」是也。

【傳】周災，不志也。

【補注】從外災不志例。周，時王也。於時王之災，亦從外災不志例者，以尊時王，是禮義之固常爾，不待特志於災乃見。若特志於災，將與志宋災同。兩同，則適嫌其無所尊矣。

其曰「宣榭」，何也？

【補注】上既曰「周災，不志也」，故此問成周宣榭之災何以志者。

以樂器之所藏，目之也。

【集解】移風易俗，莫善於樂，是故貴其器。

【補注】其「樂器之所藏」者，何休云：「宣王中興所作樂器。」蓋夷厲之時，樂器有壞，宣王中興，乃更作之，後遂藏焉也。又宣榭至此不毁者，亦以宣王有中興之功故。

【經】秋，郯伯姬來歸。

【集解】爲夫家所遣。

【經】冬，大有年。

【傳】五穀大熟，爲「大有年」。

【經】十有七年，春王，正月，庚子，許男錫我卒。

【經】丁未，蔡侯申卒。

【經】夏，葬許昭公。

【經】葬蔡文公。

【經】六月，癸卯，日有食之。

【經】己未，公會晉侯、衛侯、曹伯、邾子同盟于斷道。

【集解】己未，亦閏月之日。斷道，晉地。

【傳】「同」者，有同也。同外楚也。

【經】秋，公至自會。

【經】冬，十有一月，壬午，公弟叔肹卒。

【傳】其曰「公弟叔肹」，賢之也。

【補注】諸侯之尊，兄弟既不得以屬通，而此得稱「公弟」，以屬通者，爲賢叔肹，故特通其親貴之道也。

其賢之，何也？宣弑而非之也。

【集解】宣公殺子赤，叔肹非責之。

非之，則胡爲不去也？曰：兄弟也，何去而之？

【集解】言無所至。

【補注】天倫之等，其近莫如兄弟，非特相避隔絕可遠，故無所用去道也。

與之財，則曰：「我足矣。」

【集解】宣公與之財物，則言「自足」以距之。

織屨而食，

【集解】織屨，賣以易食。

終身不食宣公之食。君子以是爲通恩也，以取貴乎春秋。

【集解】泰曰：「宣公弒逆，故其禄不可受。兄弟無絶道，故雖非而不去。論情，可以明親親。言義，足以厲不軌。書曰『公弟』，不亦宜乎？」

【經】十有八年，春，晉侯、衛世子臧伐齊。

【經】公伐杞。

【經】夏，四月。

【經】秋，七月，邾人戕繒子于繒。

〔補注〕言「于繒」，明在國都。此殺繒子也，而不名者，蓋亦未同盟故。

【傳】戕，猶「殘」也，棁殺也。

【集解】棁，謂捶打殘賊而殺。地于繒，惡其臣子不能距難。

【補注】加虐而殺謂之「戕」。

【經】甲戌，楚子呂卒。

【集解】商臣子，莊王。

【傳】夷狄，不「卒」。「卒」，少進也。「卒」而不日。日，少進也。日而不言正不正，簡之也。

【集解】中國君日「卒」，正也。不日，不正也。今進夷狄，直舉其日，而不論正之與不正。

【經】公孫歸父如晉。

【經】冬，十月，壬戌，公薨于路寢。

【傳】正寢也。

【經】歸父還自晉。

【傳】「還」者，事未畢也。

【集解】莊八年「秋，師還」是也。

【補注】下將有奔事，故以未畢之辭言之。

「自晉」，事畢也。

【補注】聘事畢也。臣既奉命出使，事畢，則有還歸致命之義。爲成其致義，故歸父稱名。

與人之子守其父之殯，

【集解】人之子，謂歸父子也。言成公與歸父子共守宣公殯。

捐殯而奔其父之使者，是以奔父也。

【集解】捐，棄也。奔，猶「逐」〔一〕也。言成公棄父之殯，逐父之使。使，謂歸父也。父命未反，而己逐之，是與親奔父無異。

【補注】「捐殯而奔其父之使者」，言歸父之所以見奔，即下經「至檉，遂奔齊」是也。

【經】至檉，遂奔齊。

【補注】此接上經「歸父還自晉」。

【傳】遂，繼事也。

【集解】杜預曰：「檉，魯竟外，故不言『出』。」

〔一〕「逐」，原誤作「遂」，據鍾本改。

卷十三

成公

【補注】成公名黑肱，宣公之子，以周定王十七年即位。案謚法，安民立政曰「成」。

【經】元年，春王，正月，公即位。

【經】二月，辛酉，葬我君宣公。

【經】無冰。

【補注】此承上「二月」。劉向以爲，時公幼弱，政舒緩也。

【傳】終時無冰，則志。此未終時，而言「無冰」，何也？

【集解】言終寒時無冰，當志之耳。今方建丑之月，是寒時未終。

【補注】案月令記孟春正月之候：「魚上冰。」是正月冬時雖盡，而寒氣未盡，猶有冰也。故春秋凡無冰，必終夏正月，周三月，寒氣盡時，乃言之，爲恐晚寒復或得冰也，若桓十四年「無冰」，襄二十八年「無冰」，皆如例。此方周二月，夏十二月，冬且未盡，而經亟言之，傳遂執以設問。

終無冰矣，加之寒之辭也。

【集解】周二月，建丑之月，夏之十二月也。此月既是常寒之月，於寒之中，又如加甚常年。過此無冰，終無復冰矣。

【補注】案冬時之寒，或極或常。蓋此冬者，極寒於常冬。又此月者，本大寒之月，遂特移此月言之，爲見極寒之年猶終無冰，其異甚矣，故曰「加之寒之辭」，不與時燠同也。

【經】三月，作丘甲。

【集解】周禮，九夫爲「井」，四井爲「邑」，四邑爲「丘」，丘十六井。甲，鎧也。

【補注】徐邈云：「甲有技巧，非凡民能作，而彊使作之，故書月以譏之。」

【傳】作，爲也。丘爲甲也。

【集解】使一丘之民皆作甲。

「丘甲」，國之事也。丘作甲，非正也。丘作甲之爲非正，何也？古者，立國家，百官具，農、工皆有職以事上。古者，有四民。有士民，

【集解】學習道藝者。

有商民，

【集解】通四方之貨者。

有農民，

【集解】播殖耕稼者。

有工民。

【集解】巧心勞手，以成器物者。

【補注】劉向云：「四民均，則王道興而百姓寧。」

夫甲，非人人之所能爲也。

【集解】各有業也。

丘作甲，非正也。

【補注】周官云：「司空掌邦土，居四民，時地利。」謂司空主國空土，順乎天時，分乎地利，

居正士、農、工、商，使得各安本業，各從技藝，無亂相害者。考工記：「函人爲甲。」則甲，工之事也。今一丘四民，而盡令出甲，是國不以義爲利，乃以利爲利，奪民本業，迫民技藝，唯務財用，終亂害民，故曰「非正」。經於「初稅畝」、「作丘甲」，皆有所見矣。凡國不以義爲利，乃以利爲利，民其將莫可措生焉。

【經】夏，臧孫許及晉侯盟于赤棘。

【集解】赤棘，晉地。

【補注】此既不日，又不月者，蓋以惡之甚，故亦略之甚也，與莊十九年公子結及齊侯、宋公盟同。

【經】秋，王師敗績于貿戎。

【集解】貿戎，地。

【補注】貿戎，地闕。

【傳】不言「戰」，莫之敢敵也。爲尊者諱敵，不諱「敗」。

【集解】諱敵，使莫二也。不諱「敗」，容有過否。

爲親者諱「敗」，不諱敵。

【集解】諱「敗」，惜其毁折也。不諱敵，諸侯有列國。

尊尊親親之義也。

【集解】尊，則無敵。親，則保全。尊，謂王。親，謂魯。

然則孰敗之？晉也。

【補注】既是晉敗之，而隱「晉」不稱者，使若無敵也。又匿其日月，而直録以時者，使若不戰也。無敵不戰，皆義爲尊王故也。

【經】冬，十月。

【傳】季孫行父秃，晉郤克眇，衛孫良夫跛，曹公子手僂，同時而聘於齊。

【補注】一目偏小曰「眇」。曲背之疾曰「僂」。

齊使秃者御秃者，使眇者御眇者，使跛者御跛者，使僂者御僂者。

【集解】御，音「迓」。迓，迎也。

蕭同姪子處臺上而笑之，

【集解】蕭，國也。同，姓也。姪[一]子，字也。其母更嫁齊惠公，生頃公。宣十二年楚人滅蕭，故隨其母在齊。

聞於客，客不説而去，相與立胥閭而語，移日不解。

【集解】胥閭，門名。

【補注】移日不解，謂久不散也。

齊人有知之者，曰：「齊之患，必自此始矣。」

【集解】穀梁子作傳，皆釋經以言義，未有無其文而横發傳者。甯疑經「冬，十月」下云「季孫行父如齊」，脱此六字。

【經】二年，春，齊侯伐我北鄙。

【經】夏，四月，丙戌，衛孫良夫帥師及齊師戰于新築，衛師敗績。

【集解】新築，衛地。

[一]「姪」，原作「姓」，因上釋「同，姓也」衍誤於下，今改。

【經】六月，癸酉，季孫行父、臧孫許、叔孫僑如、公孫嬰齊帥師會晉郤克、衛孫良夫、曹公子手及齊侯戰于鞌，齊師敗績。

【集解】鞌，齊地。

【補注】齊侯，尊也。四國大夫，卑也。此以尊敗乎卑者，責齊侯之無禮也。

【傳】其日，或曰，日其戰也。

【補注】結日列陣，故日。

或曰，日其悉也。

【集解】悉，謂魯四大夫時悉在戰也。明二者皆當日。

曹無大夫，其曰「公子」，何也？以吾之四大夫在焉，舉其貴者也。

【集解】不欲令内衆大夫與外卑者共行戰。

【補注】公子之重，視大夫，故舉「公子」以言之。

【經】秋，七月，齊侯使國佐如師。己酉，及國佐盟于爰婁。

【傳】鞌，去國五百里。爰婁，去國五十里。

【集解】國，齊國也。

壹戰緜地五百里，焚雍門之茨。

【集解】雍門，齊城門。茨，蓋也。

侵車東至海。

【集解】侵車，侵伐之車。言時侵齊，過乃至海。

君子聞之，曰：「夫甚！」甚之辭焉，

【集解】鄭嗣曰：「君子聞戰于鞌，乃盟于爰婁，焚雍門之茨，侵車至海，言因齊之敗，逼之甚。」

齊有以取之也。齊之有以取之，何也？敗衛師于新築，侵我北鄙，敖郤獻子，

【集解】謂笑其跛。

齊有以取之也。爰婁，在師之外。

【集解】言師已逼其國。

郤克曰：「反魯、衛之侵地，以紀侯之甗來，

【集解】甗，玉甑。齊滅紀，故得其寶。

以蕭同姪子之母爲質，

【集解】齊侯與姪子，同母異父昆弟。不欲斥言「齊侯之母」，故言「蕭同姪子之母」也。兼忿姪子笑。

使耕者皆東其畝，

【集解】欲以利其戎車於驅侵易。

【補注】「皆東其畝」者，謂使齊壟畝皆東西行也。此所以欲利晉由西達東之路。

然後與子盟。」國佐曰：「反魯、衛之侵地，以紀侯之甗來，則諾。以蕭同姪子之母爲質，則是齊侯之母也。齊侯之母，猶晉君之母也。晉君之母，猶齊侯之母也。

【集解】言尊同也。

使耕者盡東其畝，則是終土齊也。

【集解】凱曰：「利其戎車侵伐易，則是以齊爲土。」

不可，

【集解】不可，謂若不許己言。

請壹戰。壹戰不克，請再。再不克，請三。三不克，請四。四不克，請五。五不克，舉國而授。」於是而與之盟。

【經】八月，壬午，宋公鮑卒。

【經】庚寅，衛侯速卒。

【經】取汶陽田。

【補注】晉使齊反魯侵地，故魯得取之。

【經】冬，楚師、鄭師侵衛。

【經】十有一月，公會楚公子嬰齊于蜀。

【集解】蜀，某地。

【補注】蜀，魯地。

【傳】楚無大夫，其曰「公子」，何也？嬰齊亢也。

【集解】泰曰：「莊二十二年『丙申，及齊高傒盟』，文二年『乙巳，及晉處父盟』，傳曰不言公〔一〕，高傒、處父亢也。此傳會嬰齊，書『公』以明亢，何乎？蓋言高傒、處父亢

〔一〕原本脱「公」字，案莊二十二年、文二年傳並云「不言『公』」，是也，據鍾本補。

禮敵公，書『公』則内恥也。嬰齊初雖驕慢，終自降替，故于會則書『公』，以顯嬰齊之驕亢；于盟則稱『人』，以表嬰齊之服罪。然則向之驕，正足以表其無禮，不足以病公，則書『公』，可也。」

【經】丙申，公及楚人、秦人、宋人、陳人、衛人、鄭人、齊人、曹人、邾人、薛人、繒人盟于蜀。

【補注】此承上經「公會楚公子嬰齊于蜀」。

【傳】楚其稱「人」，何也？

【集解】怪楚向稱「公子」，今稱「人」。齊在鄭下，蓋時王所黜。

於是而後公得其所也。

【補注】春秋之義，可言公及人，不可言公及大夫。前稱「楚公子」，見嬰齊之驕伉敵公。以臣敵公，則公亦未得其所。此稱「楚人」，見嬰齊之服罪降替。既已降替，則公乃於是而得其所也。

會與盟同月，則地會，不地盟。不同月，則地會，地盟。此其地會，地盟，何也？以公得其所，申其事也。

【集解】公得其所，謂楚稱「人」。中其事，謂地會，地盟。

今之屈，向之驕也。

【補注】嬰齊前稱「公子」，嫌太尊；後稱「人」，嫌太卑，皆名之不正也。然前之太尊，正可以其見驕而無禮。後之太卑，正可以見其屈而服罪。其所以有今之屈而服罪，正以有向之驕而無禮，是於不正見正，因以正禮也。夫禮者，所以定親疏，決嫌疑，别同異，明是非，故尊卑之行，各有其所。尊以尊行，卑以卑行，得禮也。尊以卑行，卑以尊行，失禮也。得禮，則尊卑俱榮。失禮，則尊卑俱辱。君子榮，則貴其生。辱，則貴其死。榮辱所繫，在禮之得失。得失由義，其由苟乎？孔子曰：「夫禮，先王以承天之道，以治人之情，故失之者死，得之者生。」詩曰：「相鼠有體，人而無禮。人而無禮，胡不遄死。」

【經】三年，春王，正月，公會晉侯、宋公、衛侯、曹伯伐鄭。

【集解】宋、衛未葬，而自同於正君，故書「公」、「侯」以譏之。

【經】辛亥，葬衛穆公。

【經】二月，公至自伐鄭。

【經】甲子，新宮災，三日哭。

【傳】「新宮」者，禰宮也。

【集解】謂宣公廟也。三年喪畢，宣公神主新入廟，故謂之「新宮」。

「三日哭」，哀也。其哀，禮也。

【集解】宮廟，親之神靈所憑居，而遇災，故以哀哭爲禮。

迫近，不敢稱謚，恭也。

【集解】迫近，言親禰也。桓、僖遠祖則稱謚。

其辭恭且哀，以成公爲無譏矣。

【補注】此得禮也，而志者，爲災故。

【經】乙亥，葬宋文公。

【經】夏，公如晉。

【經】鄭公子去疾帥師伐許。

【經】公至自晉。

【經】秋，叔孫僑如帥師圍棘。

【補注】棘，汶陽田邑也。魯取汶陽田，棘民不服，故圍之。案定十二年「十有二月，公圍成」，傳曰：「非國，不言『圍』。所以言『圍』者，以大公也。」是内邑而叛且難服，故特言「圍」以崇大公事。此「圍棘」，雖非公，但同是内邑而叛且難服，故亦特言「圍」以崇大其事，皆深所以爲内諱恥也。昭十三年「圍費」，定六年「圍鄆」，十年「圍郈」，亦如之。

【經】大雩。

【經】晉郤克、衛孫良夫伐墻咎如。

【補注】墻咎如，亦赤狄之别種，又其國名也。案宣十五年「晉師滅赤狄潞氏」，以潞子之賢，猶繫之「狄」，此不繫者，或以從史文然。或以比潞子爲尤親中國，故進之而不繫。昭十二年「鮮虞」，蓋亦如之。

【經】冬，十有一月，晉侯使荀庚來聘。

【經】衛侯使孫良夫來聘。

【經】丙午，及荀庚盟。

【補注】此承上經「晉侯使荀庚來聘」。

【經】丁未，及孫良夫盟。

【補注】此承上經「衛侯使孫良夫來聘」。

【傳】其日，公也。

【補注】「丙午，及荀庚盟」，「丁未，及孫良夫盟」，皆是公盟，故日。

來聘而求盟，不言及者，以國與之也。

【補注】案莊十六年「冬，十有二月，會齊侯、宋公、陳侯、衛侯、鄭伯、許男、曹伯、滑伯、滕子同盟于幽」，不言「公」者，是著疑焉。又莊二十二年「秋，七月，丙申，及齊高傒盟于防」，文二年春「三月，乙巳，及晉處父盟」，不言「公」者，是爲公諱。以上皆不與此「以國與之」同。

不言其人，亦以國與之也。

【集解】徐邈曰：「不言『及』，謂凡書『來盟』者也，若宣七年衛『孫良夫來盟』是也。以國與之，謂舉國爲主，故直書外來爾。此先聘而後盟，故不言『來盟』。總言『及』，而不復著其人，亦是舉國之辭。」

不言求，兩欲之也。

【補注】案僖八年「鄭伯乞盟」言「乞」。則一方而求盟者，當言「乞」。

【經】鄭伐許。

【集解】鄭從楚，而伐衛之喪，又叛諸侯之盟，故狄之。

【補注】鄭不稱主名，而直稱「鄭」，是狄稱之也，亦與昭十二年「晉伐鮮虞」同。

【經】四年，春，宋公使華元來聘。

【經】三月，壬申，鄭伯堅卒。

【經】杞伯來朝。

【經】夏，四月，甲寅，臧孫許卒。

【經】公如晉。

【經】葬鄭襄公。

【經】秋，公至自晉。

【經】冬，城鄆。

【經】鄭伯伐許。

【集解】喪未踰年，自同於正君，亦譏之。

【經】五年，春王，正月，杞叔姬來歸。

【傳】婦人之義，嫁曰「歸」，反曰「來歸」。

【經】仲孫蔑如宋。

【經】夏，叔孫僑如會晉荀首于穀。

【集解】穀，齊地

【經】梁山崩。

【集解】梁山，晉之望也。不言「晉」者，名山大澤，不以封也。許慎曰：「山者，陽位，君之象也。象君權壞。」

【補注】劉向以爲，山，陽，君也。水，陰，民也。哭，然後流，喪亡象也。梁山在晉，自晉始而及天下也。後晉暴殺三卿，厲公以弒，至湨梁之會，天下大夫皆奪君政，其後孫、甯出衛獻，三家逐魯昭，單、尹亂王室。

【傳】不日，何也？

【集解】據僖十四年「秋，八月，辛卯，沙鹿崩」書日。

高者有崩道也。有崩道，則何以書也？曰：梁山崩，壅遏河，三日不流。

【補注】壅，塞。遏，止也。

晉君召伯尊而問焉。

【補注】伯尊，晉大夫。案左傳，梁山崩，晉侯以傳車召伯尊。

伯尊來，遇輦者，

【補注】輦，挽車也，人在車前，挽之以行。

輦者不辟，

【補注】言未讓道避傳車。凡君大夫，車行有儀，人當避之，不犯儀也。傳車疾公命，其尤當避之。

使車右下而鞭之。

【集解】凡車，將在左，御在中。有力之人在右，所以備非常。

【補注】爲其不敬故，將鞭之。案王制，凡行道路，男子由右，婦人由左，車從中央，所以遠别也。父之齒隨行，兄之齒雁行，朋友不相逾，所以廣敬也。

輦者曰：「所以鞭我者，其取道遠矣。」

【集解】所用鞭我之間，行道則可遠。

伯尊下車而問焉，

【集解】以其言有理，知非凡人。

曰：「子有聞乎？」對曰：「梁山崩，壅遏河，三日不流。」伯尊曰：「君爲此召我也，爲之奈何？」輦者曰：「天有山，天崩之。天有河，天壅之。雖召伯尊，如之何？」伯尊由忠問焉。

【集解】用忠誠之心問之。

輦者曰：「君親素縞，帥群臣而哭之，既而祠焉，斯流矣。」

【集解】素衣縞冠，凶服也。所以凶服者，山川，國之鎮也。山崩川塞，示哀窮。

伯尊至，君問之曰：「梁山崩，壅遏河，三日不流，爲之奈何？」伯尊曰：「君親素縞，帥群臣而哭之，既而祠焉，斯流矣。」孔子聞之，曰：「伯尊其無績乎！攘善也。」

【集解】績，功也。攘，盜也。取聾者之言而行之，非己之功也。績，或作「續」，謂無繼嗣。

【經】秋，大水。

【經】冬，十有一月[一]，己酉，天王崩。

【集解】定王。

【經】十有二月，己丑，公會晉侯、齊侯、宋公、衛侯、鄭伯、曹伯、邾子、杞伯同盟于蟲牢。

【集解】蟲牢，鄭地。

【經】六年，春王，正月，公至自會。

【經】二月，辛巳，立武宮。

【集解】舊説曰：「武公之宮廟，毁已久矣，故傳曰『不宜立也』。」禮記明堂位曰：「魯

[一]「十有一月」，原作「十一月」，脱「有」字，據文例補。

公之廟，文世室也。武公之廟，武世室也。」言「世室」，則不毀也。則義與此違。

【傳】「立」者，不宜立也。

【補注】起而置之謂之「立」。武宫，魯武公敖之廟也。案定元年「立煬宫」不日，此日者，以是始立，故謹而日之也。

【經】取鄟。

【補注】此承上「二月」。「取鄟」，義與宣九年「秋，取根牟」同。

【傳】鄟，國也。

【補注】卑國，魯之屬也。

【經】孫良夫帥師侵宋。

【經】夏，六月，邾子來朝。

【補注】月者，爲下「鄭伯費卒」日起。

【經】公孫嬰齊如晉。

【經】壬申，鄭伯費卒。

【補注】鄭悼公也。

【經】秋，仲孫蔑、叔孫僑如帥師侵宋。

【經】楚公子嬰齊帥師伐鄭。

【補注】案二年嬰齊稱「公子」，是見其驕伉。然自此以下，楚皆稱「公子」者，詳莊二十六年范君引徐邈説。

【經】冬，季孫行父如晉。

【經】晉欒書帥師救鄭。

【經】七年，春王，正月，鼷鼠食郊牛角。

【集解】不言「免牛」者，以方改卜郊，吉否，未可知。

【傳】不言日，急辭也。

【集解】辭中促急，不容日。

【補注】重其妨郊，故急言之。案宣三年「郊牛之口傷」，言「之」，是緩辭。此傳曰：「不言日，急辭也。」則言日亦是緩辭。所不同者，言「之」，是牛自傷之緩；言日，是鼷鼠食牛之緩。文雖有異，緩則同也。此七年、定十五年、哀元年不言日，皆急辭也。宣三年不言日，以其言「之」，則緩辭可知，不須更書日以見緩也。

過有司也。郊牛日，展觓[一]角而知傷。

【補注】展，察也。禮，將祭之前夕，必先察檢犧牲。

展道盡矣，其所以備災之道不盡也。

【集解】有司展察牛，而即知傷，是展察之道盡。不能防災禦患，致使牛傷，故不書日，以顯有司之過。觓，球球然角貌。

【補注】禮，凡祭祀用牲，必殊別繫養，頒付於職人，令防禽獸觸嚙，是其備災之道也。

【經】改卜牛，鼷鼠又食其角。

【補注】此接上經「鼷鼠食郊牛角」。

【傳】「又」，有繼之辭也。

【集解】前已食，故曰「繼」。

「其」，緩辭也。曰：亡乎人矣，非人之所能也，所以免有司之過也。

[一]「觓」，原誤作「斛」。石經本作「觓」，是也，據改。下集解「觓」字亦如之。「觓」，音「求」，角曲貌。

【集解】至此復食，乃知國無賢君，天災之爾，非有司之過也，故言「其」以赦之。

【經】乃免牛。

【補注】此接上經「鼷鼠又食其角」。

【傳】「乃」者，亡乎人之辭也。免牲者，爲之緇衣纁裳，有司玄端，奉送至于南郊。免牛亦然。免牲不曰「不郊」，免牛亦然。

【集解】郊者，用牲。今言「免牲」，則不郊顯矣。若言「免牛」，亦不郊。而經復書「不郊」者，蓋爲「三望」起爾。言時既不郊，而猶三望，明失禮。

【經】吴伐郯。

【經】夏，五月，曹伯來朝。

【經】不郊，猶三望。

【補注】此承上經「乃免牛」。

【經】秋，楚公子嬰齊帥師伐鄭。

【經】公會晉侯、齊侯、宋公、衛侯、曹伯、莒子、邾子、杞伯救鄭。

【經】八月，戊辰，同盟于馬陵。

【集解】馬陵，衛地。

【補注】此承上經公會諸侯「救鄭」。

【經】公至自會。

【經】吴入州來。

【集解】州來，楚地。

【經】冬，大雩。

【傳】雩，不月而時，非之也。冬無爲雩也。

【補注】周禮，冬及春、夏，雖旱，有禱，無雩。

【經】衛孫林父出奔晉。

【經】八年，春，晉侯使韓穿來言汶陽之田，歸之于齊。

【集解】晉爲盟主，齊還事晉，故使魯還二年齊所反之田。

【傳】「于齊」，緩辭也，不使盡我也。

【集解】若曰爲之請歸，不使晉制命于我。

【經】晉欒書帥師侵蔡。

【經】公孫嬰齊如莒。

【經】宋公使華元來聘。

【經】夏，宋公使公孫壽來納幣。

【集解】婚禮，不稱主人。宋公無主婚者，自命之，故稱「使」。納幣，不書。書者，賢伯姬，故盡其事。

【補注】君娶，若母猶在，則禮，自納采以下，至於告期，皆母命使，君不親命也。君不親命，故不得言君稱「使」，公羊所謂「婚禮，不稱主人」是也。主人，謂婿。君娶，則謂君。君不親命者，爲有廉恥之心，故不欲自言娶婦，所以養廉遠恥也。然君母命之，亦不得言母稱「使」者，以婦人無外事，其命不通外國，故不得言母稱「使」也。若母既没，君乃親命之。君親命之，則不得不言君稱「使」，若此「宋公使公孫壽來納幣」是也。

【經】晉殺其大夫趙同、趙括。

【經】秋，七月，天子使召伯來錫公命。

【傳】禮，有受命，無來錫命。錫命，非正也。曰「天子」，何也？曰：見一稱也。

【集解】「天王」、「天子」，王者之通稱。自此以上，未有言「天子」者，今言「天子」，是更見一稱。

【補注】「天王」者，尊號也。「天子」者，爵稱也。接下，則言「天王」，見號令天下。接上，則言「天子」，見以爵事天。故或稱「天王」，或稱「天子」，一也。此曰「天子使召伯來錫公命」，蓋因史所録策命之文而遂之，適爲别見一稱，兩全其義也。

【經】冬，十月，癸卯，杞叔姬卒。

【集解】杜預曰：「前五年『來歸』者。女既適人，雖見出棄，猶以成人之禮書之。終爲杞伯所葬，故稱『杞叔姬』。」

【經】晉侯使士燮來聘。

【經】叔孫僑如會晉士燮、齊人、邾人伐郯。

【經】衛人來媵。

【集解】杜預曰：「古者，諸侯娶嫡夫人及左右媵，各有姪娣，皆同姓之國。國三人，凡九女，所以廣繼嗣。」魯將嫁伯姬于宋，故衛來媵。

【傳】媵，淺事也，不志。此其志，何也？以伯姬之不得其所，故盡其事也。

【集解】不得其所，謂災死也。江熙曰：「共公之『葬』，由伯姬，則共公是失德者也。傷伯姬賢而嫁不得其所。」

卷十四

【經】九年，春王，正月，杞伯來逆叔姬之喪，以歸。

【傳】傳曰，夫無逆出妻之喪而爲之也。

【補注】禮，父在，爲出母期。父卒，爲父後，上繼至尊，不敢私，爲出母禮當減殺，不爲之著服。案大戴禮，婦出者七：不順父母者則出，爲其逆德也。無子則出，爲其絶世也。淫則出，爲其亂族也。妒則出，爲其亂家也。有惡疾則出，爲其不可與共粢盛也。口多言則出，爲其離親也。盜竊則出，爲其反義也。又不得出者三：有所娶，無所歸，則不得出。與更三年喪，則不得出。前貧賤，後富貴，則不得出。

【經】公會晉侯、齊侯、宋公、衛侯、鄭伯、曹伯、莒子、杞伯同盟于蒲。

【集解】蒲，衛地。

【經】公至自會。

【經】二月，伯姬歸于宋。

【集解】逆者非卿，故不書。

【補注】不言「逆」者，義詳莊二十五年。

【經】夏，季孫行父如宋致女。

【集解】致敕戒之言於女。

【傳】「致」者，不致者也。

【補注】禮，父戒不下堂，母戒不出祭門，諸母兄弟戒不出闕門。婦人在家，制於父。既嫁，制於夫。「如宋致女」，是以我盡之也。

【集解】刺已嫁而猶以父制盡之。

【補注】伯姬時已至宋，而經猶稱「女」，如在魯之辭者，見其既嫁宋，而魯猶制之，則如未嫁然也。

不正，故不與内稱也。

【集解】内稱，謂稱使。

【補注】凡内卿出外，直言「如」，即是内稱之辭。今行父奉君之命，用在家之道制已嫁之女，不正甚矣。故前雖言「如」，而後即言「致」，以後之非正，遂乎前之内稱，亦見義有不許其「如」也。

逆者微，故「致女」。詳其事，賢伯姬也。

【補注】伯姬有賢德，可以觀教化，宜詳録之。然宋公既不親逆，又使者非卿，若録，則嫌卑伯姬，故唯詳録此「致女」及下「來媵」爾。致女，雖不正，不害伯姬之賢也。伯姬之賢，見襄三十年。

【經】晉人來媵。

【傳】媵，淺事也，不志。此其志，何也？以伯姬之不得其所，故盡其事也。

【補注】「不得其所」者，言伯姬賢，而不得親逆。

【經】秋，七月，丙子，齊侯無野卒。

【經】晉人執鄭伯。

【經】晉欒書帥師伐鄭。

【傳】不言「戰」，以鄭伯也。

【集解】欒書以鄭伯伐鄭。君臣無戰道。

爲尊者諱恥，

【集解】不使臣敵君，「王師敗績于貿戎」是也。

爲賢者諱過，

【集解】爲齊桓諱「滅項」是也。

爲親者諱疾。

【集解】雍曰：「欒書以鄭伯伐鄭，不言『戰』是也。鄭，兄弟之國，故謂之『親』。君臣交兵，病莫大焉，故爲之諱。」

【經】冬，十有一月，葬齊頃公。

【經】楚公子嬰齊帥師伐莒。

【經】庚申，莒潰。

【補注】此接上經「楚公子嬰齊帥師伐莒」。

【傳】其日，

【補注】此以「其日」首句者，爲下總申「惡之」之義起也。

莒雖夷狄，猶中國也。

【集解】莒雖有夷狄之行，猶是中國。

【補注】案莒，是少昊之後，武王所封，本嬴姓，自紀公以下，爲己姓，蓋不知誰賜之姓者。十四年范君引徐邈曰：「傳稱『莒雖夷狄，猶中國也』，言莒本中國，末世衰弱，遂行夷禮。」

大夫潰莒而之楚，是以知其上爲事也。

【集解】臣以叛君爲事，明君臣無道。

惡之，故謹而日之也。

【集解】潰，例月。甚之，故日。

【經】楚人入鄆。

【補注】鄆，魯邑也。

【經】秦人、白狄伐晉。

【經】鄭人圍許。

【經】城中城。

【補注】中城，内城也。

【傳】「城中城」者，非外民也。

【集解】譏公不務德政，恃城以自固，不復〔一〕能衛其人民。

【補注】責公唯内務安己，而外棄其民也。

【經】十年，春，衛侯之弟黑背帥師侵鄭。

【補注】范君答薄氏駁云：「諸侯之尊，弟兄不得以屬通，有賢行則書『弟』。今黑背書『弟』者，明亦有賢行故也。」案隱七年「齊侯使其弟年來聘」，傳曰：「其『弟』云者，以其來接於我，舉其貴者也。」是舉其貴而稱「弟」。襄二十年「陳侯之弟光出奔楚」，傳曰：「親而奔之，惡也。」襄二十七年「衛侯之弟專出奔晉」，傳曰：「其曰『弟』，何也？專有是信者。君賂不入乎喜而殺喜，是君不直乎喜也。故出奔晉，織絇邯鄲，終身不言衛。專之去，合乎春秋。」襄三十年「天王殺其弟佞夫」，傳曰：「甚之也。」是惡其兄而稱「弟」。昭八年「陳侯之弟招殺陳世子偃師」，傳曰：「其『弟』云者，親之也。親而殺之，惡也。」是惡

〔一〕「復」，原誤作「德」，據鍾本改。

其身而稱「弟」。宣十七年「公弟叔肸卒」，傳曰：「其曰『公弟叔肸』，賢之也。」是賢其行而稱「弟」。總言之，稱「弟」之義，有四也。此「衛侯之弟黑背帥師侵鄭」，非當舉貴，又無可惡，知是賢其行而稱「弟」也。

【經】夏，四月，五卜郊。不從，乃不郊。

【傳】「夏，四月」，不時也。

【集解】郊時，極於三月。

「五卜」，彊也。

【補注】傳之言「彊」，言其鶩亂，亟失於禮，馳乎欲也。夫卜筮者，君子之謀也。吉則從，凶則否，吉、凶唯義，從、否唯禮，無可馳欲焉。故有節次，足決惑爾。禮，郊凡三卜，足決惑矣。四卜，稍失於禮，見弗敬矣。五卜，亟失於禮，見馳欲矣。既馳乎欲，又昆龜策，是假鬼神而𧢼不義，非君子之謀也。

「乃」者，亡乎人之辭也。

【經】五月，公會晉侯、齊侯、宋公、衛侯、曹伯伐鄭。

【經】齊人來媵。

【集解】媵伯姬也。異姓來媵，非禮。

【經】丙午，晉侯獳卒。

【經】秋，七月，公如晉。

【經】冬，十月。

【經】十有一年，春王，三月，公至自晉。

【經】晉侯使郤犫來聘。

【經】己丑，及郤犫盟。

【補注】此接上經「晉侯使郤犫來聘」。

【經】夏，季孫行父如晉。

【經】秋，叔孫僑如如齊。

【經】冬，十月。

【經】十有二年，春，周公出奔晉。

【傳】周有「入」無「出」。

【集解】鄭嗣曰：「王者無外，故無『出』也。宗廟宮室有定所，或即位失其常處，反常書『入』，内宗廟也，昭二十六年『天王入于成周』是。」

【補注】言「周」者，總君臣以言之。謂於周可以言「入」，不可以言「出」。可以言「入」者，許其反常。不可以言「出」者，避失天下，尊周故也。

其曰「出」，上下一見之也。

【集解】鄭嗣曰：「上，謂僖二十四年『天王出居于鄭』。下，謂今『周公出奔』。上下皆一見之。」

言其上下之道無以存也。上雖失之，下孰敢有之？今上下皆失之矣。

【集解】上雖有不君之失，臣下莫敢效不臣之過。今復云周公之出，則上下皆有失矣。君而不君，臣而不臣，是無以存于世。言周之所以衰。

【經】夏，公會晉侯、衛侯于瑣澤。

【集解】瑣澤，某地。

【補注】瑣澤，晉地。

【經】秋，晉人敗狄于交剛。

【集解】交剛，某地。

【補注】交剛，蓋狄地。

【傳】中國與夷狄，不言「戰」，皆曰「敗」之。

【集解】不使夷狄敵中國。

夷狄，不日。

【補注】夷狄卑陋，既蔑其有「戰」之義，故亦略而不日，直録以時，見不能「戰」也。案天子之敗與夷狄之敗，録時雖同，義則異也。

【經】冬，十月。

【經】十有三年，春，晉侯使郤錡來乞師。

【傳】「乞」，重辭也。古之人重師，故以「乞」言之也。

【經】三月，公如京師。

【傳】公如京師，不月。月，非如也。

【集解】時實會晉伐秦，過京師也。公行出竟，有危則月。朝聘京師，理無危懼，故不月。

非如，而曰「如」，不叛京師也。

【集解】因其過朝，故正其文，若使本自往。

【經】夏，五月，公自京師，遂會晉侯、宋公、衛侯、鄭伯、曹伯、邾人、滕人伐秦。

【傳】言受命，不敢叛周也。

【集解】使若既朝王，而王命己使伐秦。叛周，謂專征伐。

【經】曹伯廬卒于師。

【傳】傳曰，閔之也。

【補注】公亦在師，禮得與其喪，故爲之哀也。

公、大夫在師曰「師」，在會曰「會」。

【補注】「在師曰『師』」者，若此「曹伯廬卒于師」。「在會曰『會』」者，若定四年「杞伯成卒于會」。「公、大夫」者，謂魯公與魯大夫也。凡魯公或魯大夫在師在會，遇諸侯卒，則例當以「卒于師」、「卒于會」言之，皆所以申哀喪之情也。

【經】秋，七月，公至自伐秦。

【經】冬，葬曹宣公。

【傳】「葬」時，正也。

【經】十有四年，春王，正月，莒子朱卒。

【集解】徐邈曰：「傳稱『莒雖夷狄，猶中國也』，言莒本中國，末世衰弱，遂行夷禮。葬皆稱謚，而莒君無謚。謚以『公』配，而吴、楚稱『王』，所以終春秋亦不得書『葬』。」

【補注】「莒子朱卒」，不日者，亦以行夷禮，故從夷狄不日也。

【經】夏，衛孫林父自晉歸于衛。

【經】秋，叔孫僑如如齊逆女。

【集解】泰曰：「親迎，例時。大夫逆，皆謹月以譏之。下云『九月，僑如以夫人婦姜氏至自齊』，一事不二譏，故此可以不月也。宣元年『公子遂如齊逆女』，亦以時逆而月致，義與此同。」

【經】鄭公子喜帥師伐許。

【經】九月，僑如以夫人婦姜氏至自齊。

【傳】大夫不「以」夫人。

【補注】「夫人」者，既是君之匹，則禮，君當親迎，故大夫無得以夫人至也。「以」夫人，非正也，刺不親迎也。「僑如」之挈，由上致之也。

【經】冬，十月，庚寅，衛侯臧卒。

【經】秦伯卒。

【補注】秦自此，於其君之「卒」，皆不名者，或以行狄道故，或以不復同盟故。

【經】十有五年，春王，二月，葬衛定公。

【經】三月，乙巳，仲嬰齊卒。

【傳】此公孫也。其曰「仲」，何也？

【集解】此蓋仲遂之子，據實公孫。

【補注】仲嬰齊者，公子遂之子，歸父弟也。

子由父疏之也。

【集解】雍曰：「父有弑君之罪，故不得言『公子』。父不言『公子』，則子不得稱『公孫』。是見疏之罪，由父故。」

【補注】嬰齊生時皆稱「公孫嬰齊」，獨卒時稱「仲嬰齊」者，以其是公子遂之子。案公子遂卒時稱「仲遂」，乃於身之終見疏之義，父既於卒不稱「公子」，則子雖無罪，亦不得於卒稱「公孫」矣。禮挾孝道，從父故也。

【經】癸丑，公會晉侯、衛侯、鄭伯、曹伯、宋世子成、齊國佐、邾人同盟于戚。

【補注】此接上經「同盟于戚」。

【經】晉侯執曹伯，歸于京師。

【傳】以「晉侯」而斥「執曹伯」，惡晉侯也。

【集解】僖二十八年「晉人執衛侯，歸之于京師」，此伯討之文也。今以「侯」執「伯」，明執之不以其罪。

不言「之」，急辭也，斷在晉侯也。

【集解】明晉之私。

【經】公至自會。

【經】夏，六月，宋公固卒。

【經】楚子伐鄭。

【經】秋，八月，庚辰，葬宋共公。

【傳】月「卒」，日「葬」，非「葬」者也。

【集解】宋共公正立，「卒」當書日。葬無甚危，則當録月。今反常違例，故知不「葬」者也。然則共公之不宜書「葬」，昏亂故。

此其言「葬」，何也？以其「葬」共姬，不可不「葬」共公也。「葬」共姬，則其不可不「葬」共公，何也？夫人之義，不踰君也。爲賢者崇也。

【集解】賢崇伯姬，故書共公葬。

【補注】共公失德，在不「葬」例。案襄三十年「秋，七月，叔弓如宋葬共姬」，是「葬」共姬。若「葬」共姬，則不得不「葬」共公。既不得不「葬」共公，乃於「卒」、「葬」特反其常例，見本不合書「葬」也。

【經】宋華元出奔晉。

【經】宋華元自晉歸于宋。

【經】宋殺其大夫山。

【經】宋魚石出奔楚。

【經】冬，十有一月，叔孫僑如會晉士燮、齊高無咎、宋華元、衛孫林父、鄭公子鰌、邾人，會吴于鍾離。

【補注】鍾離，楚地。

【傳】「會」，又「會」，外之也。

【集解】兩書「會」，殊外夷狄。

【經】許遷于葉。

【傳】「遷」者，猶得其國家以往者也。其地，許復見也。

【經】十有六年，春王，正月，雨，木冰。

【集解】穀梁説曰：「『雨，木冰』者，木介甲胄，兵之象。」

【補注】案是歲，晉有鄢陵之戰，楚王傷目而敗。

【傳】雨，而木冰也。

【集解】雨著木成冰。

志異也。

【補注】凡物有非常爲「異」。

傳曰，根枝折。

【補注】草木死曰「折」。

【經】夏，四月，辛未，滕子卒。

【補注】滕自此「卒」始書日，稍進之也。

【經】鄭公孫喜帥師侵宋。

【經】六月，丙寅，朔，日有食之。

【經】晉侯使欒黶來乞師。

【集解】將與鄭、楚戰。

【經】甲午，晦，晉侯及楚子、鄭伯戰于鄢陵，

【集解】鄢陵，鄭地。

楚子、鄭師敗績。

【傳】日事，遇晦曰「晦」。四體偏斷曰「敗」。

【補注】君重於師，未有君重傷而師不敗者。故戰若傷君，重至手足偏斷，則直稱君以「敗」。

此其「敗」，則目也。

【集解】此言「敗」者，目傷故。

【補注】此「目」者，謂眼目也。案左傳，晉大夫呂錡射楚共王，中其目。眼目在首，尤重於四體，故稱「楚子」以「敗」。

楚不言「師」，君重於師也。

【經】楚殺其大夫公子側。

【經】秋，公會晉侯、齊侯、衛侯、宋華元、邾人于沙隨，不見公。

【集解】沙隨，宋地。

【傳】「不見公」者，可以見公也。可以見公，而不見公，譏在諸侯也。

【經】公至自會。

【經】公會尹子、晉侯、齊國佐、邾人伐鄭。

【集解】尹子，王卿士，子爵。

【經】曹伯歸自京師。

【補注】不言「復」者，與僖三十年「衛侯鄭歸于衛」同。

【傳】不言所歸，歸之善者也。出入不名，以爲不失其國也。「歸」爲善，

【集解】謂直言「歸」，而不言其國，即「曹伯歸自京師」不言「于曹」是。

【補注】案「衛侯鄭歸于衛」，亦歸自京師，而以「歸于衛」言之者，是不若此「歸自京師」善也。

自某歸次之。

【集解】若「蔡季自陳歸于蔡」、「衛侯鄭自楚復歸于衛」是〔一〕。

〔一〕「是」字原無，據鍾本補。

【經】九月，晉人執季孫行父，舍之于苕丘。

【集解】行父，魯執政卿。其身執則危及國，故謹而月之，録所憂也。苕丘，晉地。

【傳】執者，不「舍」。

【集解】據昭二十三年「晉人執我行人叔孫婼」不言「舍」。

而「舍」，公所也。

【集解】今言「舍」者，以公在苕丘故也。公在苕丘，而言「舍」者，明不得致也。若既不致，復不言「舍」，則無以見其舍。

執者致。

【集解】據昭二十四年「婼至自晉」。

而不致，公在也。

【集解】在，在苕丘也。見舍于苕丘，還國，則與公俱。不得致者，重在公。

何其執而辭也？

【集解】問何故書「執季孫行父」而言「舍之」，復不致之辭邪？

猶存公也。

【集解】時行父雖爲晉所執，猶欲存公之所在，故不致行父，又言「舍之」，皆所以見公在苕丘。

存意公亦存焉？

【集解】問存舍之不致之意，便可知公所在乎？

公存也。

【集解】但存此二事，即知公在苕丘。

【經】冬，十月，乙亥，叔孫僑如出奔齊。

【集解】徐邈曰：「案襄二十三年『臧孫紇出奔齊』，傳曰：『其日，正臧紇〔一〕之出也。』禮，大夫去君，掃其宗廟，不絕其祀。身雖出奔，而君遇之不失正，故詳而日〔二〕之，明有恩義也。」

【經】十有二月，乙丑，季孫行父及晉郤犨盟于扈。

〔一〕「臧紇」，案襄二十三年傳作「臧孫紇」。

〔二〕「日」，原作「已」。案阮校「已」作「紀」，鍾本「已」作「日」。作「日」是，據改。

【經】公至自會。

【集解】無二事，會則致會，伐則致伐。上無會事，當言「至自伐鄭」，而言「至自會」，甯所未詳。鄭君曰：「伐而致會，於伐事不成。」

【經】乙酉，刺公子偃。

【傳】大夫日「卒」，正也。先「刺」，後名，殺無罪也。

【集解】僖二十八年「公子買戍衛，不卒戍，刺之」，是有罪者，以先列其罪。

【經】十有七年，春，衛北宮括帥師侵鄭。

【經】夏，公會尹子、單子、晉侯、齊侯、宋公、衛侯、曹伯、邾人伐鄭。

【經】六月，乙酉，同盟于柯陵。

【集解】柯陵，鄭地。

【傳】柯陵之盟，謀復伐鄭也。

【經】秋，公至自會。

【傳】不曰「至自伐鄭」也，公不周乎伐鄭也。

【集解】周，信也。公逼諸侯爲此盟爾，意不欲更伐鄭。

【補注】公無意伐鄭，乃以畏晉，不敢背盟爾。

何以知公之不周乎伐鄭？以其以會致也。何以知其盟復伐鄭也？以其後會之人盡盟者也。

【集解】後會，謂「冬，公會單子」等是。

不周乎伐鄭，則何爲日也？

【集解】據無伐鄭意而彊盟，盟不由忠，不當日也。

言公之不背柯陵之盟也。

【集解】舍己從人，遂伐鄭。

【經】齊高無咎出奔莒。

【經】九月，辛丑，用郊。

【傳】夏之始，可以承春。以秋之末承春之始，蓋不可矣。

【集解】郊，春事也。僖三十一年「夏，四月，四卜〔一〕郊，不從」，傳曰：「四月，不時。」今言「可」者，方明秋末之不可，故以是爲猶可也。

九月，用郊，「用」者，不宜用也。宫室不設，不可以祭。衣服不脩，不可以祭。車馬器械不備，不可以祭。有司一人不備其職，不可以祭。祭者，薦其時也，薦其敬也，薦其美也，非享味也。

【經】晉侯使荀罃來乞師。

【經】冬，公會單子、晉侯、宋公、衛侯、曹伯、齊人、邾人伐鄭。

【集解】將伐鄭。

【傳】言公不背柯陵之盟也。

【經】十有一月，公至自伐鄭。

【補注】月者，爲下「公孫嬰齊卒于貍蜃」日起。

【經】壬申，公孫嬰齊卒于貍蜃。

〔一〕「卜」，原誤作「上」，據鍾本改。

【集解】貍蜃，魯地也。

【傳】十一月無壬申。壬申，乃十月也。致公而後録，臣子之義也。

【集解】嬰齊實以十月壬申日卒，而公以十一月還，先致公，而後録其「卒」，故「壬申」在「十一月」下也。嬰齊從公伐鄭，致公，然後伐鄭之事畢。須公事畢，然後書臣「卒」，先君後臣之義也。

其地，未踰竟也。

【補注】踰境義，詳文十四年。

【經】十有二月，丁巳，朔，日有食之。

【經】邾子貜且卒。

【經】晉殺其大夫郤錡、郤犨、郤至。

【傳】自禍於是起矣。

【集解】厲公見殺之禍。

【補注】案左傳，晉厲公侈，多外嬖，欲盡去群大夫而立其左右，以胥童、夷羊五、長魚矯爲卿，乃殺三郤而尸諸朝，納其室以分婦人，於是乎國人不蠲，遂弒諸翼，葬於翼東門之外，以車一乘。

【經】楚人滅舒庸。

【經】十有八年，春王，正月，晉殺其大夫胥童。

【經】庚申，晉弒其君州蒲。

【傳】稱國以「弒」其君，君惡甚矣。

【經】齊殺其大夫國佐。

【經】公如晉。

【經】夏，楚子、鄭伯伐宋。

【經】宋魚石復入于彭城。

【集解】彭城，宋邑。魚石十五年奔楚，經稱「復入」者，明前奔時入彭城以叛也。今楚取彭城以封魚石，故言「復入」。

【經】公至自晉。

【經】晉侯使士匄來聘。

【經】秋，杞伯來朝。

【經】八月，邾子來朝。

【補注】月者，爲下「公薨」日起。

【經】築鹿囿。

【集解】築墻爲鹿地之苑。

【補注】苑有垣曰「囿」。

【傳】築，不志。此其志，何也？山林藪澤之利，所以與民共也。虞之，非正也。

【經】己丑，公薨于路寢。

【傳】路寢，正也。男子不絶婦人之手，以齊終也。

【經】冬，楚人、鄭人侵宋。

【經】晉侯使士魴來乞師。

【經】十有二月，仲孫蔑會晉侯、宋公、衛侯、邾子、齊崔杼同盟于虚朾。

【集解】虚朾，某地。

【補注】虚朾，宋地。此不日者，何休以爲公薨，喪盟略之，故不日。

【經】丁未，葬我君成公。

卷十五

襄公

【補注】襄公名午，成公之子，定姒所生，以周簡王十四年即位。案謚法，因事有功曰「襄」。

【經】元年，春王，正月，公即位。

【傳】繼正「即位」，正也。

【經】仲孫蔑會晉欒黶、宋華元、衛甯殖、曹人、莒人、邾人、滕人、薛人圍宋彭城。

【傳】繫「彭城」於「宋」者，不與魚石正也。

【集解】魚石得罪於宋，成十五年奔楚，十八年復入于彭城，然則彭城已屬魚石，今猶繫「宋」者，崇君，抑叛臣也。

【補注】楚取宋彭城，而封魚石，以邑當國，與宋相距，故言「圍」也。禮，諸侯無專封之道。既不與楚子專封之正，因不與魚石受邑之正，故猶以「彭城」繫「宋」也。其言「圍」、繫「宋」者，亦且抑魚石之受邑爾，亦且抑楚子之專封爾。

【經】夏，晉韓厥帥師伐鄭。

【經】仲孫蔑會齊崔杼、曹人、邾人、杞人次于鄫。

【集解】鄫，鄭地。「鄫」，或爲「合」。

【經】秋，楚公子壬夫帥師侵宋。

【經】九月，辛酉，天王崩。

【經】邾子來朝。

【經】冬，衛侯使公孫剽來聘。

【經】晉侯使荀罃來聘。

【集解】「冬」者，十月初也。王崩，赴未至，皆未聞喪，故各得行朝聘之禮。

【補注】禮，諸侯即位，小國朝焉，大國聘焉。若天子崩，赴告諸侯，則爲天子斬衰，不得行朝聘。上郲、衛及此晉，皆得行朝聘者，赴未至，未聞喪故也。

【經】二年，春王，正月，葬簡王。

【經】鄭師伐宋。

【經】夏，五月，庚寅，夫人姜氏薨。

【經】六月，庚辰，鄭伯睔卒。

【經】晉師、宋師、衛甯殖侵鄭。

【傳】其曰「衛甯殖」，如是而稱于前事也。

【集解】初，衛侯速卒，鄭人侵之，故舉甯殖之報，以明稱其前事。不書晉、宋之將，以慢其伐人之喪。

【經】秋，七月，仲孫蔑會晉荀罃、宋華元、衛孫林父、曹人、郲人于戚。

【經】己丑，葬我小君齊姜。

【集解】齊，謚。

【經】叔孫豹如宋。

【經】冬，仲孫蔑會晉荀罃、齊崔杼、宋華元、衛孫林父、曹人、邾人、滕人、薛人、小邾人于戚，遂城虎牢。

【傳】若言中國焉，内鄭也。

【集解】虎牢，鄭邑。鄭服罪，内之，故爲之城。不繫「虎牢」於「鄭」者，如中國之邑也。僖二年「城楚丘」，傳曰：「『楚丘』者何？衛之邑。國曰『城』，此邑也，其曰『城』何？封衛也。」然則非魯邑，皆不言「城」。中國，猶「國中」也。

【經】楚殺其大夫公子申。

【經】三年，春，楚公子嬰齊帥師伐吴。

【經】公如晉。

【經】夏，四月，壬戌，公及晉侯盟于長樗。

【集解】晉侯出其國都，與公盟于外地。

【經】公至自晉。

【經】六月，公會單子、晉侯、宋公、衛侯、鄭伯、莒子、邾子、齊世子光。己未，同盟于雞澤。

【集解】雞澤，地也。

【補注】雞澤，晉地。

【傳】「同」者，有同也。同外楚也。

【經】陳侯使袁僑如會。

【傳】「如會」，外乎會也。

【集解】「外乎會」者，明本非會内也。諸侯已會，乃至耳。於會受命也。

【經】戊寅，叔孫豹及諸侯之大夫，及陳袁僑盟。

【補注】此接上經「陳侯使袁僑如會」。杜預云：「諸侯既盟，袁僑乃至，故使大夫别與之盟。」

【傳】「及」以「及」，與之也。

【集解】諸侯在會，而大夫又盟，是大夫執國之權，亢君之禮。陳君不會，袁僑受使來盟，袁僑之盟，得其義也。通言「叔孫豹及諸侯之大夫」，則無以表袁僑之得禮，故再言「及」，明獨與袁僑，不與諸侯之大夫。

諸侯以爲可與，則與之。不可與，則釋之。

【補注】袁僑後至乎會，諸侯若以爲權可與之盟，則與之盟，可也。若以爲權不可與之盟，則不與之盟，亦可也。

諸侯盟，又大夫相與私盟，是大夫張也。

【補注】張，彊也，謂不臣也。君在，大夫私盟，非臣之道，因曰「張」。諸侯既以爲權可與袁僑盟矣，則當諸侯與之盟爾。反使大夫私盟，是諸侯自輕政。亦諸侯自輕政，大夫遂由張也。故天子自輕政，諸侯其遂由張。諸侯自輕政，大夫其遂由張。大夫自輕政，陪臣其遂由張。上輕下張，禮樂征伐亂出，天下用喪。

故雞澤之會，諸侯始失正矣。大夫執國權。

【補注】失正，猶「失政」也。傳曰「始失」者，言其釁兆先見爾，即諸侯在，而大夫私盟是也。

曰「袁僑」，異之也。

【集解】釋不但總言「及諸侯之大夫」，而復別言「袁僑」者，是異袁僑之得禮。

【補注】會盟而陳侯不在，不若諸侯皆在，故獨異袁僑於諸侯之大夫。其獨異袁僑，亦見許袁僑之得會盟諸侯也。

【經】秋，公至自晉。

【經】冬，晉荀罃帥師伐許。

【經】四年，春王，三月，己酉，陳侯午卒。

【經】夏，叔孫豹如晉。

【經】秋，七月，戊子，夫人姒氏薨。

【集解】成公夫人，襄公母也。姒，杞姓。

【經】葬陳成公。

【經】八月，辛亥，葬我小君定姒。

【集解】定，謚。

【經】冬，公如晉。

【經】陳人圍頓。

【經】五年，春，公至自晉。

【經】夏，鄭伯使公子發來聘。

【經】叔孫豹、繒世子巫如晉。

【傳】外不言「如」，而言「如」，爲我事往也。

【補注】外，謂繒世子巫。

【集解】外相如，不書。爲魯事往，故同於内。

【補注】徐邈取左氏爲説，云：「『爲我事往』者，謂請繒於晉，以助己出賦也。」案左傳，四年冬，公如晉，請以繒爲屬國，助魯出貢賦，晉侯許之。繒世子巫爲魯將屬其國故，乃至此與魯大夫豹並往晉，以成其事也。

【經】仲孫蔑、衛孫林父會吴于善稻。

【集解】善稻，吴地。

【傳】吴謂「善」「伊」，謂「稻」「緩」。

【補注】中國謂之「善稻」，吴謂之「伊緩」。

號從中國，名從主人。

【集解】夷狄所號地形及物類，當從中國言之，以教殊俗，故不言「伊緩」，而言「善稻」。人名，當從其本俗言。

【經】秋，大雩。

【經】楚殺其大夫公子壬夫。

【經】公會晉侯、宋公、陳侯、衛侯、鄭伯、曹伯、莒子、邾子、滕子、薛伯、齊世子光、吴人、繒人于戚。

【集解】繒以外甥爲子，曾夷狄之不若，故序吴下。所以不復殊外吴者，以其數會中國故。

【經】公至自會。

【經】冬，戍陳。

【傳】内辭也。

【集解】不言諸侯，是魯戍之。

【經】楚公子貞帥師伐陳。

【經】公會晉侯、宋公、衛侯、鄭伯、曹伯、莒子、邾子、滕子、薛伯、齊世子光救陳。

【經】十有二月，公至自救陳。

【傳】善救陳也。

【集解】楚人伐陳，公能救中國而攘夷狄，故善之。善之，謂以救陳致。

【經】辛未，季孫行父卒。

【經】六年，春王，三月，壬午，杞伯姑容卒。

【經】夏，宋華弱來奔。

【經】秋，葬杞桓公。

【經】滕子來朝。

【經】莒人滅繒。

【集解】莒是繒甥，立以爲後，非其族類，神不歆其祀，故言「滅」。

【傳】非滅也。

【集解】非以兵滅。

中國，日。卑國，月。夷狄，時。繒，中國也，而時，非滅也。家有既亡，國有既滅。

【集解】滅，猶「亡」。亡，猶「滅」。家立異姓爲後則亡，國立異姓爲嗣則滅。既，盡也。

滅而不自知，由别之而不别也。

【集解】繒不達滅亡之義，故國滅而不知。

「莒人滅繒」，非滅也。非立異姓以莅祭祀，滅亡之道也。

【補注】繒，姒姓。莒，己姓也。

【補注】以夷狄猶能知父死子繼，而繒反不知，竟廢世子巫，立莒公子爲後。莒之於繒，相爲姻親，聯作甥舅，蓋繒所立莒公子者，繒之外甥也。禮，神不歆非類，民不祀非族。繒立外甥，是立異姓以主祭祀，是其宗廟將不血食矣，則與滅國毀宗廟不異也。

【經】冬，叔孫豹如邾。

【經】季孫宿如晉。

【集解】宿，行父子。

【經】十有二月，齊侯滅萊。

【補注】案萊是東夷，月者，蓋亦有殊於常夷也。

【經】七年，春，郯子來朝。

【經】夏，四月，三卜郊，不從，乃免牲。

【傳】「夏，四月」，不時也。三卜，禮也。「乃」者，亡乎人之辭也。

【經】小邾子來朝。

【經】城費。

【補注】季氏邑。

【經】秋，季孫宿如衛。

【經】八月，螽。

【經】冬，十月，衛侯使孫林父來聘。

【補注】月者，爲下「及孫林父盟」日起。

【經】壬戌，及孫林父盟。

【補注】此接上經「衛侯使孫林父來聘」。

【經】楚公子貞帥師圍陳。

【經】十有二月，公會晉侯、宋公、陳侯、衛侯、曹伯、莒子、邾子于鄬。

【集解】鄬，鄭地〔一〕。

【經】鄭伯髡原如會，未見諸侯。丙戌，卒于操。

〔一〕「地」，原誤作「也」，據鍾本改。

【集解】操，鄭地。

【傳】未見諸侯，其曰「如會」，何也？致其志也。禮，諸侯不生名，此其生名，何也？「卒」之名也。「卒」之名，則何爲加之「如會」之上？見以如會卒也。其見以如會卒，何也？鄭伯將會中國，其臣欲從楚，不勝其臣，弑而死。其不言「弑」，何也？不使夷狄之民加乎中國之君也。

【集解】邵曰：「以其臣欲從楚，故謂『夷狄之民』。不欲使夷狄之臣得弑中國之君，故去『弑』而言『卒』，使若正卒然」。

其地，於外也。其日，未踰竟也。日「卒」，時「葬」，正也。

【補注】日「卒」、時「葬」者，正之録也，所以申道而抑邪也。

【經】陳侯逃歸。

【傳】以其去諸侯，故「逃」之也。

【集解】鄭伯欲從中國，而罹其凶禍，諸侯莫有討心，於是懼而去之。背華即夷，故書「逃」以抑之。

【經】八年，春王，正月，公如晉。

【經】夏，葬鄭僖公。

【經】鄭人侵蔡，獲蔡公子濕。

【集解】「獲」者，不與之辭。「侵」者，所以服不義，無相獲之道。

【傳】人，微者也。浸，淺事也。

【補注】浸，亦「侵」也。

而獲公子，公子病矣。

【補注】義猶僖十五年獲晉侯。

【經】季孫宿會晉侯、鄭伯、齊人、宋人、衛人、邾人于邢丘。

【集解】邢丘，地。

【補注】邢丘，蓋晉地。

【傳】見魯之失正也。公在而大夫會也。

【經】公至自晉。

【經】莒人伐我東鄙。

【經】秋，九月，大雩。

【經】冬，楚公子貞帥師伐鄭。

【經】晉侯使士匄來聘。

【經】九年，春，宋災。

【傳】外災，不志。此其志，何也？故宋也。

【集解】故，猶「先」也。孔子之先，宋人。

【補注】案莊十一年「秋，宋大水」，傳曰：「外災，不書。此何以書？王者之後也。」此曰「故宋」，即見經所以未録杞災也。春秋，夫子手脩。宋，夫子故國。其祖所在，恩得通之，又以王者之後，尊異諸侯，遂特志之爾。杞亦王者之後，然無故國之寄，是尊異雖同，恩則遠殺，且災非甚，非甚，周猶不志，而況杞乎？志宋，故宋也。故宋，通恩也。春秋之義，雖故宋，不害内魯；雖内魯，不害尊周。

【經】夏，季孫宿如晉。

【經】五月，辛酉，夫人姜氏薨。

【經】秋，八月，癸未，葬我小君穆姜。

【集解】成公母。

【經】冬，公會晉侯、宋公、衛侯、曹伯、莒子、邾子、滕子、薛伯、小邾子、齊世子光伐鄭。

【經】十有二月，己亥，同盟于戲。

【集解】戲，鄭地。

【傳】不異言「鄭」，善得鄭也。不致，恥不能據鄭也。

【集解】戲盟還，而楚伐鄭，故恥不能終有鄭。

【補注】案莊六年「秋，公至自伐衛」，傳曰：「惡事不致。此其致，何也？」范君曰：「據襄九年，時有穆姜之喪，會諸侯伐鄭，不致。」則范君意，此不致者，惡公服穆姜喪，未踰年，而親伐鄭，故不致也。而傳曰「不致，恥不能據鄭也」者，以鄭才受盟，而楚即伐之，鄭復從楚，是諸侯不能終得鄭，而失之於夷狄，恥大，故舉大以言之也。其實二事皆不當致。

【經】楚子伐鄭。

【經】十年，春，公會晉侯、宋公、衛侯、曹伯、莒子、邾子、滕子、薛伯、杞伯、小邾子、齊世子光會吴于柤。

【集解】柤，楚地。

【傳】「會」，又「會」，外之也。

【集解】五年會于戚，不殊會，今殊會吴者，復夷狄故。

【經】夏，五月，甲午，遂滅傅陽。

【補注】傅陽，妘姓，楚之屬國也。

【傳】遂，直遂也。其曰「遂」何？不以中國從夷狄也。

【集解】言時實吴會諸侯滅傅陽，恥以中國之君從夷狄之主，故加「甲午」，使若改日諸侯自滅傅陽。滅卑國，月。此日，蓋爲「遂」耳。

【補注】「遂，直遂也」者，謂春秋凡繼事之辭，經皆直曰「遂」，不復别加時日。此既以「遂」言，則當作「十年，春，公會晉侯、宋公、衛侯、曹伯、莒子、邾子、滕子、薛伯、杞伯、小邾子、齊世子光會吴于柤，遂滅傅陽」，而别加時日者，則文若非從吴滅傅陽，而是改日諸侯自滅傅陽，亦深所以爲中國諱也。「其曰『遂』何」者，問此何别加時日以曰「遂」也。亦或「曰」當作「日」，形近而誤。

【經】公至自會。

【傳】會夷狄不致，惡事不致。

【集解】夷狄不致，恥與同。惡事不致，恥有惡。

此其致，何也？

【集解】會吴，會夷狄也。滅傅陽，惡事也。據不應致。

存中國也。

【集解】以中國之君從夷狄之主，而滅人之邑也。此即夷狄爾，是無中國也。故加「甲午」，使若改日諸侯自滅傅陽爾，不以諸侯從夷狄也。滅中國，雖惡事，自諸侯之一眚〔一〕爾。從夷狄而滅人，則中國不復存矣。

〔一〕「眚」，原誤作「青」，據鍾本改。

【補注】諸侯從會於吴，以滅傅陽，則是中國之道棄盡焉。然君子之義，不爲中國之棄道而棄中國也，故特致所不當致，見雖甚惡，猶不棄也。

中國有善事，則并焉。

【集解】若中國有善事，則不復言會諸侯，改日遂滅傅陽。如僖四年諸侯「侵蔡，蔡潰，遂伐楚」，是并焉。

【補注】「并焉」者，亦上傳所謂「直遂」是也。

無善事，則異之。存之也。

【集解】諸侯「會吴于柤」，「甲午，遂滅傅陽」，是則若「會」與「遂」異人。

【補注】「異之」者，即經別加時日。此所以爲存中國之道也。

汲鄭伯，

【集解】汲，猶「引」也。鄭伯髡原爲臣所弑，而不書「弑」，此引而致於善事。

「逃歸」陳侯，

【集解】鄬之會，陳侯不會，以其爲楚，故言「逃歸」。

致柤之會，存中國也。

【補注】三事皆變其文者，一爲存中國之道也。

【經】楚公子貞〔一〕、鄭公孫輒帥師伐宋。

【經】晉師伐秦。

【經】秋，莒人伐我東鄙。

【經】公會晉侯、宋公、衛侯、曹伯、莒子、邾子、齊世子光、滕子、薛伯、杞伯、小邾子伐鄭。

【集解】齊世子光序〔二〕滕、薛之上，蓋驕蹇。

【補注】凡處不當其所，皆恥也，春秋譏之。

【經】冬，盜殺鄭公子斐、公子發、公孫輒。

【補注】哀四年傳曰：「微殺大夫謂之『盜』。」

【傳】稱「盜」以殺大夫，弗以上下道，惡上也。

〔一〕「楚公子貞」，「公」字原無，據鍾本補。

〔二〕「序」，原誤作「字」，據鍾本改。

【集解】兩下相殺，不志乎春秋。惡鄭伯不能脩政刑，致盜殺大夫也。以上下道，當言「鄭人殺其大夫」。

【經】戍鄭虎牢。

【集解】不稱其人，則魯戍也，猶「戍陳」。

【傳】其曰「鄭虎牢」，決「鄭」乎「虎牢」也。

【集解】二年鄭去楚而從中國，故「城虎牢」，不言「鄭」，使與中國無異。自爾已來，數反覆，無從善之意，故繫之於「鄭」，決絶而棄外。

【經】楚公子貞帥師救鄭。

【經】公至自伐鄭。

【經】十有一年，春王，正月，作三軍。

【傳】作，爲也。古者，天子六師，諸侯一軍。作三軍，非正也。

【集解】周禮、司馬法曰：「萬有二千五百人爲『軍』。王六軍，大國三軍，次國二軍，小國一軍，其將皆命卿。二千五百人爲『師』。」然則此言「天子六師」，凡萬有五千人。

大國三軍，則三萬七千五百人。諸侯制踰天子，非義也。總云「諸侯一軍」，又非制也。昭五年經曰「舍中軍」，傳曰「貴復正也」，然則魯有二軍，今云「作三軍」，增置中軍爾。魯爲次國，於此爲明。

【補注】六師，亦六軍也。言天子，必以衆大之辭，故以「六師」言之。

【經】夏，四月，四卜郊，不從，乃不郊。

【補注】不言「免牲」者，不行免牲之禮，故但言「不郊」。

【傳】「夏，四月」，不時也。四卜，非禮也。

【經】鄭公孫舍之帥師侵宋。

【經】公會晉侯、宋公、衛侯、曹伯、齊世子光、莒子、邾子、滕子、薛伯、杞伯、小邾子伐鄭。

【經】秋，七月，己未，同盟于京城北。

【集解】盟謀更共伐鄭。京城北，鄭地。

【經】公至自伐鄭。

【傳】不以後致，盟後復伐鄭也。

【集解】傳例曰，已伐，而盟復伐者，則以伐致；盟不復伐者，則以會致。此言「不以後致」，謂會在伐後。

【經】楚子、鄭伯伐宋。

【經】公會晉侯、宋公、衛侯、曹伯、齊世子光、莒子、邾子、滕子、薛伯、杞伯、小邾子伐鄭，會于蕭魚。

【集解】蕭魚，鄭地。

【經】公至自會。

【傳】伐而後會，不以伐鄭致，得鄭伯之辭也。

【集解】鄭與會而服中國，喜之，故以會致。

【經】楚人執鄭行人良宵。

【傳】「行人」者，挈國之辭也。

【集解】行人，是傳國之辭命者。

【補注】十八年傳曰：「稱『行人』，怨接於上也。」范君曰：「怨其君而執其使。稱『行人』，明使人爾，罪在上也。」則稱「人」以執「行人」者，見因上怨執之，非使人有罪也。案左傳，九月，諸侯悉師以復伐鄭。鄭人使良霄、太宰石㚟如楚，告將服於晉，曰：「孤以社稷之故，不能懷君，君若能以玉帛綏晉，不然，則武震以攝威之，孤之願也。」楚人執之。是鄭偷幸兩端，反復無常，得罪於楚，故楚怨而執其使也。

【經】冬，秦人伐晉。

【經】十有二年，春王，三月，莒人伐我東鄙，圍郃。

【集解】蓋攻守之害深，故以危，録其月。

【傳】伐國，不言圍邑，舉重也。

【集解】伐國重，圍邑輕。舉重，可以包輕。

取邑不書，圍安足書也？

【集解】不足書，而今書，蓋爲下事起。

【補注】「取邑不書」者，亦宣元年傳所謂「内不言『取』」是。「取」事重於「圍」，外取内邑，且猶不書，則「圍」安足書？此書「圍郚」者，爲下「救郚」起也。

【經】季孫宿帥師救郚，遂入鄆。

【集解】鄆，莒邑。

【傳】遂，繼事也。受命而救郚，不受命而入鄆，惡季孫宿也。

【補注】惡季孫宿者，以爲專君命。

【經】夏，晉侯使士魴來聘。

【經】秋，九月，吴子乘卒。

【補注】吴始書「卒」，稍進之也。

【經】冬，楚公子貞帥師侵宋。

【經】公如晉。

【經】十有三年，春，公至自晉。

【經】夏，取邿。

【補注】鄀，蓋邾之邑也。不繫於「邾」者，公羊以爲背蕭魚之會亟，故諱而不繫也。

【經】秋，九月，庚辰，楚子審卒。

【集解】共王。

【經】冬，城防。

【經】十有四年，春王，正月，季孫宿、叔老會晉士匄、齊人、宋人、衛人、鄭公孫蠆、曹人、莒人、邾人、滕人、薛人、杞人、小邾人，會吴于向。

【集解】向，鄭地。

【補注】諸侯自晉以外，獨鄭書主名者，蓋以其服中國而新從會，故特書之，若二年傳所謂「稱于前事」之類。月者，蓋以遠會夷狄，故危之也。

【經】二月，乙未，朔，日有食之。

【經】夏，四月，叔孫豹會晉荀偃、齊人、宋人、衛北宫括、鄭公孫蠆、曹人、莒人、邾人、滕人、薛人、杞人、小邾人伐秦。

【補注】鄭復書主名者，以向之會，是鄭新與中國從會，故特書之；此伐秦，是新與諸侯從事，故再書之也。衛亦書主名者，以成二年鄭伐衛喪，襄二年衛又伐鄭喪，是衛抱怨以伐也。今鄭服之後，新與中國從事，故亦特書衛之主名，見衛得以抱怨之師，與鄭共相協力，衛、鄭既協，則諸侯可知，亦稱於前事之類也。月者，爲下「衛侯出奔齊」日起。

【經】己未，衛侯出奔齊。

【集解】諸侯出奔，例月。衎結怨于民，自棄於位，君弑而歸，與知逆謀，故出入皆日，以著其惡。

【經】莒人侵我東鄙。

【經】秋，楚公子貞帥師伐吴。

【經】冬，季孫宿會晉士匄、宋華閲、衛孫林父、鄭公孫蠆、莒人、邾人于戚。

【經】十有五年，春，宋公使向戌來聘。

【經】二月，己亥，及向戌盟于劉。

【經】劉夏逆王后于齊。

【集解】劉，采地。夏，名。書名，則非卿也。天子無外，所命則成，故不言「逆女」。

【補注】劉夏，天子之下大夫也。

【傳】過我，故志之也。

【經】夏，齊侯伐我北鄙，圍成。

【補注】書「圍」者，爲下「救成」起。

【經】公救成，至遇。

【集解】至遇，而齊師已退也。遇，魯地。

【經】季孫宿、叔孫豹帥師城成郛。

【集解】郛，郭。

【經】秋，八月，丁巳，日有食之。

【經】邾人伐我南鄙。

【經】冬，十有一月，癸亥，晉侯周卒。

卷十六

【經】十有六年，春王，正月，葬晉悼公。

【經】三月，公會晉侯、宋公、衛侯、鄭伯、曹伯、莒子、邾子、薛伯、杞伯、小邾子于溴梁。

【集解】溴梁，地。

〔補注〕溴梁，蓋晉地。

戊寅，大夫盟。

【傳】溴梁之會，諸侯失正矣。

〔補注〕案襄三年雞澤之會，傳曰「始失」者，言其釁兆先見爾。此直曰「失政」者，言其禍亂既成也。五行傳云：「晉爲溴梁之會，天下大夫皆奪君政。」

諸侯會，而曰「大夫盟」，正在大夫也。

【補注】正，猶「政」也。孔子曰：「天下有道，則政不在大夫。」

諸侯在，而不曰「諸侯之大夫」，大夫不臣也。

【補注】經不曰「諸侯之大夫」，是若失所繫，失繫於君也。失繫於君，則見諸侯之大夫皆失其臣道，不恭乎君也。經曰「諸侯之大夫」，是若有所繫，繫之於君也。繫之於君，則見諸侯之大夫皆得其臣道，恭乎君也。案襄三年雞澤之會，諸侯亦在，經曰「諸侯之大夫」，是若有所繫，而傳曰「大夫張」者，彼唯釁兆先見，禍亂未成，故猶可繫之，因與此稍異。

【經】晉人執莒子、邾子以歸。

【補注】案僖二十八年「晉人執衛侯，歸之于京師」，言「京師」，明斷在京師。此直言「以歸」，其見晉自執以歸國，明斷在晉侯，是私相治也。

【經】齊侯伐我北鄙。

【經】夏，公至自會。

【經】五月，甲子，地震。

【補注】劉向以爲，先是雞澤之會，諸侯盟，大夫又盟。是歲三月，諸侯爲溴梁之會，而大夫獨相與盟。五月，地震矣。其後崔氏專齊，欒盈亂晉，良霄傾鄭，閽殺吴子，燕逐其君，楚滅陳、蔡。

【經】叔老會鄭伯、晉荀偃、衛甯殖、宋人伐許。

【經】秋，齊侯伐我北鄙，圍成。

【補注】案此「圍成」，並下十七年「圍桃」、「圍防」，皆書「圍」者，爲十八年諸侯同圍齊起也。

【經】大雩。

【經】冬，叔孫豹如晉。

【經】十有七年，春王，二月，庚午，邾子瞷卒。

【經】宋人伐陳。

【經】夏，衛石買帥師伐曹。

【經】秋，齊侯伐我北鄙，圍桃。

【經】齊高厚帥師伐我北鄙，圍防。

【經】九月，大雩。

【經】宋華臣出奔陳。

【經】冬，邾人伐我南鄙。

【經】十有八年，春，白狄來。

【集解】不言「朝」，不能行朝禮。

【經】夏，晉人執衛行人石買。

【傳】稱「行人」，怨接於上也。

【集解】怨其君而執其使。稱「行人」，明使人爾，罪在上也。

【經】秋，齊侯伐我北鄙。

【經】冬，十月，公會晉侯、宋公、衛侯、鄭伯、曹伯、莒子、邾子、滕子、薛伯、杞伯、小邾子同圍齊。

【傳】非圍，而曰「圍」，

【集解】據實伐。

齊有大焉，亦有病焉。

【集解】齊若無罪，諸侯豈得同病之乎？

非大，而足「同」與？

【集解】齊非大國，諸侯豈足同共圍之與？

諸侯同罪之也，亦病矣。

【集解】諸侯同罪大國，是不量力，必爲大國所讎，則亦病矣。

【經】曹伯負芻卒于師。

【傳】閔之也。

【經】楚公子午帥師伐鄭。

【經】十有九年，春王，正月，諸侯盟于祝柯。

【集解】前年同圍齊之諸侯也。祝柯，齊地。

【經】晉人執邾子。

【經】公至自伐齊。

【傳】春秋之義，已伐，而盟復伐者，則以「伐」致。

【集解】「京城北」之類是。

盟不復伐者，則以會致。

【集解】「會于蕭魚」之類是。

祝柯之盟，盟復伐齊與？

【集解】怪不以會致。

曰：非也。

【集解】不復伐齊。

然則何爲以「伐」致也？曰：與人同事，或執其君，或取其地。

【集解】同與邾圍齊，而晉執其君，魯取其地，此與盟後復伐無異。

【經】取邾田自漷水。

【集解】以漷水爲界。

【傳】軋辭也。
【集解】軋，委曲。隨漷水，言取邾田之多。
【補注】邾在魯南，漷水在邾、魯間，田在漷水北。今魯不但取邾漷北之田，且盡邾漷北之地，魯亦隨而取之。
其不日，惡盟也。
【補注】不日，謂上「諸侯盟于祝柯」不日。惡，謂執君取地。
【經】季孫宿如晉。
【經】葬曹成公。
【經】夏，孫林父帥師伐齊。
【經】秋，七月，辛卯，齊侯環卒。
【經】晉士匄帥師侵齊，至穀，聞齊侯卒，乃還。
【傳】「還」者，事未畢之辭也。受命而誅生，死無所加其怒。
【補注】誅伐施於生者，不施於死者。故臣受君命，伐人之國，其君生，則伐之；其君死，有喪，則已，禮也。

不伐喪，善之也。善之，則何爲未畢也？君不尸小事，臣不專大名。善則稱君，過則稱己，則民作讓矣。

【補注】禮，天子有善，讓德於天；諸侯有善，歸諸天子；卿大夫有善，薦於諸侯；士庶人有善，本諸父母，存諸長老，皆所以示順而教讓也。

士匄外專君命，故非之也。

【補注】「外專君命」者，謂不先告君，便自退師也。若爲善士匄，而許其專退，則士匄有崇禮之譽，晉侯反受伐喪之毁，譽臣使毁君，非可教道，故曰「還」，示未終彼事，無得復命，此所以尊君抑臣，且申謙讓義也。孔子家語：「子路爲蒲宰，爲水備，與其民修溝瀆，以民之勞煩苦也，人與之一簞食、一壺漿。孔子聞之，使子貢止之，子路忿不悦，往見孔子，曰：『由也以暴雨將至，恐有水災，故與民修溝洫以備之，而民多匱餓者，是以簞食壺漿而與之。夫子使賜止之，是夫子止由之行仁也。夫子以仁教，而禁其行，由不受也。』孔子曰：『汝以民爲餓也，何不白於君，發倉廩以賑之？而私以爾食饋之，是汝明君之無惠，而見己之德美矣。汝速已則可，不則汝之見罪必矣。』」

然則爲士匄者，宜奈何？宜墠帷而歸命乎介。

【集解】除地爲「墠」。於墠張帷，反命于介，介歸告君，君命乃還，不敢專也。

【經】八月，丙辰，仲孫蔑卒。

【經】齊殺其大夫高厚。

【經】鄭殺其大夫公子嘉。

【經】冬，葬齊靈公。

【經】城西郛。

【經】叔孫豹會晉士匄于柯。

【集解】柯，地。

【補注】柯，蓋衛地。

【經】城武城。

【經】二十年，春王，正月，辛亥，仲孫速會莒人盟于向。

【集解】向，莒邑。

【經】夏，六月，庚申，公會晉侯、齊侯、宋公、衛侯、鄭伯、曹伯、莒子、邾子、滕子、薛伯、杞伯、小邾子盟于澶淵。

【集解】澶淵，衛地。

【經】秋，公至自會。

【經】仲孫速帥師伐邾。

【經】蔡殺其大夫公子濕。

【經】蔡公子履出奔楚。

【經】陳侯之弟光出奔楚。

【傳】諸侯之尊，弟兄不得以屬通。其「弟」云者，親之也。親而奔之，惡也。

【集解】顯書「弟」，明其親也。親而奔逐之，所以惡陳侯。

【經】叔老如齊。

【經】冬，十月，丙辰，朔，日有食之。

【經】季孫宿如宋。

【經】二十有一年，春王，正月，公如晉。

【經】邾庶其以漆、閭丘來奔。

【傳】「以」者，不以者也。

【集解】凱曰：「人臣無專禄以邑叛之道。」來奔者，不言「出」，舉其接我者也。漆、閭丘，不言「及」，小大敵也。

【經】夏，公至自晉。

【經】秋，晉欒盈出奔楚。

【經】九月，庚戌，朔，日有食之。

【經】冬，十月，庚辰，朔，日有食之。

【經】曹伯來朝。

【經】公會晉侯、齊侯、宋公、衛侯、鄭伯、曹伯、莒子、邾子于商任。

【集解】商任，某地。

【補注】商任，晉地。

【傳】庚子，孔子生。

【補注】夫子乃生，傳以夫子弟子故，特尊而志之也。

【經】二十有二年，春王，正月，公至自會。

【經】夏，四月。

【經】秋，七月，辛酉〔一〕，叔老卒。

【經】冬，公會晉侯、齊侯、宋公、衛侯、鄭伯、曹伯、莒子、邾子、滕子、薛伯、杞伯、小邾子于沙隨。

【經】公至自會。

【經】楚殺其大夫公子追舒。

〔一〕原本「辛」下脱「酉」字，據鍾本補。

【經】二十有三年，春王，二月，癸酉，朔，日有食之。

【經】三月，己巳，杞伯匄卒。

【經】夏，邾畀我來奔。

【經】葬杞孝公。

【經】陳殺其大夫慶虎及慶寅。

【傳】稱國以殺，罪累上也。「及慶寅」，慶寅累也。

【經】陳侯之弟光自楚歸于陳。

【集解】光反，稱「弟」言「歸」，無罪明矣。

【經】晉欒盈復入于晉，入于曲沃。

【集解】曲沃，晉地。

【經】秋，齊侯伐衛，遂伐晉。

【經】八月，叔孫豹帥師救晉，次于雍渝。

【集解】雍渝，晉地。

【傳】言「救」後「次」，非救也。

【集解】惡其不遂君命，而專止次，故先通君命，而後言「次」，尊君抑臣之義。鄭嗣曰：「次，止也。凡先書『救』，而後言『次』，皆非救也。僖元年『齊師、宋師、曹師次于聶北，救邢』，此師本欲止聶北，遥爲之援爾，隨其本意而書，故先言『次』，而後言『救』。豹本受君命救晉，中道不能，故先言『救』，而後言『次』，若鄭伯未見諸侯，而曰『如會』，致其本意。」

【經】己卯，仲孫速卒。

【經】冬，十月，乙亥，臧孫紇出奔邾。

【傳】其日，正臧孫紇之出也。

【集解】正其有罪。

蘧伯玉曰：「不以道事其君者，其出乎？」

【集解】必不見容。

【補注】蘧伯玉，衛之賢大夫也。

【經】晉人殺欒盈。

【傳】惡之，弗有也。
【集解】不言「殺其大夫」，是不有之以爲大夫。
【經】齊侯襲莒。
【集解】輕行掩其不備曰「襲」。
【經】二十有四年，春，叔孫豹如晉。
【經】仲孫羯帥師侵齊。
【經】夏，楚子伐吴。
【經】秋，七月，甲子，朔，日有食之，既。
【經】齊崔杼帥師伐莒。
【經】大水。
【經】八月，癸巳，朔，日有食之。
【經】公會晉侯、宋公、衛侯、鄭伯、曹伯、莒子、邾子、滕子、薛伯、杞伯、小邾子于夷儀。

【經】冬，楚子、蔡侯、陳侯、許男伐鄭。

【經】公至自會。

【經】陳鍼宜咎出奔楚。

【經】叔孫豹如京師。

【經】大饑。

【傳】五穀不升爲「大饑」。

【集解】升，成也。

一穀不升，謂之「嗛」。

【集解】嗛，不足貌。

二穀不升，謂之「饑」。三穀不升，謂之「饉」。四穀不升，謂之「康」。

【集解】康，虚。

五穀不升，謂之「大侵」。

【集解】侵，傷。

【補注】「大侵」者，「大饑」之異名耳。

大侵之禮，君食不兼味，臺榭不塗。

【集解】塗，堊飾。

弛侯，廷道不除。

【集解】弛，廢也。侯，射侯也。廢侯不燕射，廷内道路不脩除。

百官布而不制，

【集解】官職脩列，不可闕〔一〕廢，不更有造作。

鬼神禱而不祀。

【集解】周書曰：「大荒，有禱無祀。」

此大侵之禮也。

〔一〕「闕」，原誤作「關」，據鍾本改。

【經】二十有五年，春，齊崔杼帥師伐我北鄙。

【經】夏，五月，乙亥，齊崔杼弑其君光。

【傳】莊公失言，淫于崔氏。

【集解】放言將淫崔氏，爲此見弑也。邵曰：「淫，過也。言莊公言語失漏，有過於崔子，而崔子弑之。故傳載其致弑之由，以明崔杼之罪甚。」

【補注】案左傳，崔杼妻有美色，齊莊公通焉，以崔子之冠賜侍人，侍人曰：「不可。」公曰：「不爲崔子，其無冠乎？」崔子怒，遂弑之，立其弟景公。故夫言語者，君子之樞機也。人君出言，必當肅之於心，然後莊之於口，由是乃得立治。曲禮云：「毋不敬，儼若思，安定辭，安民哉。」莊公此以失敬，不啻不能安民，亦不能安身矣。

【經】公會晉侯、宋公、衛侯、鄭伯、曹伯、莒子、邾子、滕子、薛伯、杞伯、小邾子于夷儀。

【經】六月，壬子，鄭公孫舍之帥師入陳。

【經】秋，八月，己巳，諸侯同盟〔一〕于重丘。

【集解】會夷儀之諸侯也。重丘，齊地。

【經】公至自會。

【經】衛侯入于夷儀。

【集解】夷儀，本邢地，衛滅邢，而爲衛地。

【補注】衛自襄十六年以來，凡書「衛侯」，皆衛侯剽也。此「衛侯」者，則衛侯衎也。衎以襄十四年出奔，至此，乃入夷儀。

【經】楚屈建帥師滅舒鳩。

【經】冬，鄭公孫夏帥師伐陳。

【經】十有二月，吴子謁伐楚，門于巢，卒。

【傳】以伐楚之事門于巢，卒也。

【集解】所以攻巢之門者，爲其伐楚之事故也。然則伐楚經巢。

〔一〕原本「同」下脱「盟」字，據鍾本補。

「于巢」者，外乎楚也。

【集解】若但言「伐楚，卒」，而不言「于巢」者，則卒在楚也。言「于巢」，則不在楚。

門于巢，乃伐楚也。

【集解】先攻巢，然後楚乃可得伐。

【補注】巢，偃姓，夷狄微國，在吴、楚間，與楚有表裏之援，故先攻之。

諸侯不生名，取卒之名，加之「伐楚」之上者，見以伐楚卒也。其見以伐楚卒，何也？

【集解】據伐楚，惡事，無緣致本意。

古者，大國過小邑，小邑必飾城而請罪，禮也。

【集解】飾城者，脩守備。請罪，問所以爲闕致師之意。

吴子謁伐楚，至巢，入其門。門人射吴子，有矢創，反舍而卒。古者，雖有文事，必有武備。非巢之不飾城而請罪，非吴子之自輕也。

【集解】非，責。

【經】二十有六年，春王二月，辛卯，衛甯喜弑其君剽。

【傳】此不正，其日，何也？殖也立之，喜也君之，正也。

【集解】父立以爲君，則子宜君之，以明正也。

【補注】剽雖不正，已先受君命，得立成君矣，故權與之正爾。此所以謹天下於廢立之際，而示天下於禍亂之階也。

【經】衛孫林父入于戚，以叛。

【補注】昭二十一年傳曰：「叛，直叛也。」范君曰：「言不作亂。」

【經】甲午，衛侯衎復歸于衛。

【補注】衎使其弟專與甯喜相約納己，許喜以寵賂，既歸，反殺喜。是喜雖有罪，衎亦無信也。君而無信，則將無所以立國。故衎於復歸稱名者，見雖復歸，然以其無信，失得國之道也。孔子曰：「無信不立。」

【傳】日「歸」，見知弑也。

【集解】書喜弑君，衎可言「歸」。衎實與弑，故録日以見之。書日，所以知其與弑者，言辛卯弑君，甲午便歸，是待弑而入，故得速也。

【經】夏，晉侯使荀吴來聘。

【經】公會晉人、鄭良霄、宋人、曹人于澶淵。

【經】秋，宋公殺其世子座。

【經】晉人執衛甯喜。

【經】八月，壬午，許男甯卒于楚。

【集解】宣九年九月，「辛酉，晉侯黑臀卒于扈」，傳曰：「其日，未踰竟也。」此乃在楚，何以日邪？隱三年「八月，庚辰，宋公和卒」，傳曰：「日『卒』，正也。」許男「卒于楚」，則在外已顯。日「卒」，明其正。

【經】冬，楚子、蔡侯、陳侯伐鄭。

【經】葬許靈公。

【經】二十有七年，春，齊侯使慶封來聘。

【經】夏，叔孫豹會晉趙武、楚屈建、蔡公孫歸生、衛石惡、陳孔奂、鄭良霄、許人、曹人于宋。

【經】衛殺其大夫甯喜。

【傳】稱國以殺，罪累上也。甯喜弑君，其以累上之辭言之，何也？嘗爲大夫，與之涉公事矣。

【集解】鄭嗣曰：「若獻公〔一〕以喜有弑君之罪而殺之，則不宜既入以爲大夫，而復〔二〕殺之。明以他故。」

甯喜由君弑君，而不以弑君之罪罪之者，惡獻公也。

【集解】獻公，即衎也。鄭嗣曰：「書『甯喜弑其君』，則喜之罪，不嫌不明。今若不言喜之無罪而死，則獻公之惡不彰。」

【經】衛侯之弟專出奔晉。

【傳】專，喜之徒也。

〔一〕「公」，原誤作「入」，阮校「入」作「公」，作「公」字爲宜，據改。

〔二〕「復」，原誤作「得」，據鍾本改。

【補注】徒，猶「黨」。言同罪也。

專之爲喜之徒，何也？己雖急納其兄，與人之臣謀弑其君，是亦弑君者也。專其曰「弟」，何也？

【集解】據稱「弟」，則無罪。

專有是信者。

【集解】言君本使專與喜爲約納君，許以寵賂，今反殺之，獻公使專失信，故稱「弟」，見獻公之惡也。

君賂不入乎喜，而殺喜，是君不直乎喜也。故出奔晉，織絇邯鄲，終身不言衛。

【集解】恥失信。

【補注】絇，屨頭飾也。

專之去，合乎春秋。

【集解】何休曰：「甯喜本弑君之家，獻公過而殺之，小負也。專以君之小負自絕，非大義也。何以合乎春秋？」鄭君釋之曰：「甯喜雖弑君之家，本專與約納獻公爾。公由喜得入，已與喜以君臣從事矣。春秋撥亂，重盟約，今獻公背之，而殺忠于己者，是獻公惡而難親也。獻公既惡而難親，專又與喜爲黨，懼禍將及，君子見幾而作，不俟終日。微子去紂，孔子以爲上仁。專之去衛，其心若此，合于春秋，不亦宜乎？」

【補注】案叔肸之不去魯宣，見通恩也，其義得許之，故傳曰「貴」也。此專之去衛獻，不謂通恩，然以獻公無信，其權得許之，故傳但曰「合」也。太常先生曰：「鄭君失對。當曰，喜當誅，而誅非其罪。獻公可復，而復之不道。君子見微，知與不道殺無罪大夫同。去之，賢也。」

【經】秋，七月，辛巳，豹及諸侯之大夫盟于宋。

【傳】湨梁之會，諸侯在，而不曰「諸侯之大夫」，大夫不臣也。晉趙武恥之。「豹」云者，恭也。

【集解】不舉姓氏。

【補注】案襄三年雞澤之會，叔孫豹及諸侯之大夫盟，稱「叔孫」。此直稱「豹」，是從君前臣名。君不在，而從君前臣名者，見豹之恭乎君也。

諸侯不在，而曰「諸侯之大夫」，大夫，臣也。其臣，恭也。

【補注】諸侯之大夫，亦皆得其臣道，故雖諸侯不在，猶繫之「諸侯」，見恭也。

晉趙武爲之會也。

【補注】之，此也。言晉趙武倡爲此會也。

【經】冬，十有二月，乙亥，朔，日有食之。

【經】二十有八年，春，無冰。

【補注】劉向以爲，先是公作三軍，有侵陵用武之意，於是鄰國不和，伐其三鄙，被兵十有餘年，因之以饑饉，百姓怨望，臣下心離，公懼而弛緩，不敢行誅罰，楚有夷狄行，公有從楚心，不明善惡之應。

【經】夏，衛石惡出奔晉。

【經】邾子來朝。

【經】秋，八月，大雩。

【經】仲孫羯如晉。

【經】冬，齊慶封來奔。

【經】十有一月，公如楚。

【經】十有二月，甲寅，天王崩。

【集解】靈王。

【經】乙未，楚子昭卒。

【經】二十有九年，春王，正月，公在楚。

【傳】閔公也。

【集解】閔公爲楚所制，故存録。

【補注】范君略例云：「在，有故。言『在』，非所在也。」

【經】夏，五月，公至自楚。

【傳】喜之也。

【集解】凱曰：「遠之蠻國，喜得全歸。」致君者，殆其往，

【集解】殆，危。

而喜其反，此致君之意義也。

【經】庚午，衛侯衎卒。

【經】閽弑吴子餘祭。

【傳】閽，門者也，寺人也。

【補注】案周禮，寺人，掌王之内人及女宫之戒令，其用刑餘之人，是奄豎之官也。閽人，掌守王宫之中門之禁。閽人之職，既不與寺人同，而傳别以「寺人」言之者，欲見閽如寺人，亦用刑餘之人，是奄豎之官也，故下遂有「不使」、「不近」之謂。

不稱名姓，閽不得齊於人。

【補注】書云：「惟天地萬物父母，惟人萬物之靈。」夫人者，兼純天地之德，陰陽之交，鬼神之會，五行之秀氣，故爲萬物之最靈。閽既虧刑絶嗣，則喪其兼純最靈之義也，遂不復可齊於人矣。

不稱「其君」，

【補注】案隱四年「衛祝吁弑其君完」稱「其君」。

閽不得君其君也。

【補注】至賤者，不納於君臣之列。

禮，君不使無恥，不近刑人，

【集解】無恥，不知臧否。

【補注】祭統云：「古者，不使刑人守門。」其以刑人怨恨爲害，故不令得在君側也。

不狎敵，不邇怨。

【補注】皆褻生輕死之道。

賤人，非所貴也。

【補注】素卑賤之人，非有大德，則未可以猝貴之，恐其不習禮義，遽事而難備，反將亂其行也。故曰：「禮不下庶人。」

貴人，非所刑也。

【補注】禮，公族有罪，則刑於甸師氏，不於朝市，令人不見，隱之以存其廉恥也。故曰：「刑不上大夫。」

刑人，非所近也。

【補注】恐有刑之怨，將生異志也。故曰：「刑人不在君側。」

舉至賤而加之「吴子」，

【補注】謂稱「閽」以弑吴子。

吴子近刑人也。「閽弑吴子餘祭」，仇之也。

【集解】怨仇餘祭，故弑之。

【補注】案立政，周公誡成王云：「國則罔有立政用憸人，不訓於德，是罔顯在厥世。繼自今立政，其勿以憸人，其惟吉士，用勱相我國家。」又周官云：「明王立政，不惟其官，惟其人。」及周之衰，竟得使刑人守其門，由亦見王道之頽矣。

【經】仲孫羯會晉荀盈、齊高止、宋華定、衛世叔儀、鄭公孫段、曹人、莒人、邾人、滕人、薛人、小邾人城杞。

【傳】古者，天子封諸侯，其地足以容其民，其民足以滿城以自守也。杞危而不能自守，故諸侯之大夫相帥以城之。此變之正也。

【集解】諸侯微弱，政由大夫，大夫能同恤災危，故曰「變之正」。

【經】晉侯使士鞅來聘。

【經】杞子來盟。

【集解】杞復稱「子」，蓋時王所黜。

【經】吴子使札來聘。

【集解】杜預曰：「吴子餘祭既遣札聘上國，而後死。札以六月到魯，未聞喪也。不稱『公子』，其禮未同於上國。」

【傳】吴其稱「子」，何也？善使延陵季子，故進之也。身賢，賢也。使賢，亦賢也。

【補注】不賢，則無由識賢者而用之，故亦賢也。

延陵季子之賢，尊君也。

【集解】以季札之賢，吴子得進稱「子」，是尊君也。

其名，成尊於上也。

【集解】春秋賢者不名，而札名者，許夷狄不一而足，唯成吴之尊稱。直稱「吴」，則不得有大夫。

【經】秋，九月，葬衛獻公。

【經】齊高止出奔北燕。

【傳】其曰「北燕」，從史文也。

【集解】南燕，姞姓，在鄭、衛之閒。北燕，姬姓，在晉之北。史曰「北燕」，據時然，故不改也。傳所言，解時但有言「燕」者。

【經】冬，仲孫羯如晉。

【經】三十年，春王，正月，楚子使薳罷來聘。

【集解】聘，例時。此聘，月之，何也？泰曰：「桓二年『宋督弒[一]其君與夷』，傳曰書『王』以正與夷之卒。然則義[二]有所明，皆須『王』以正之。書『王』，必上繫于春，下統于月。此書『王』，以治蔡般弒父之罪爾，非以録薳罷之聘。」

【經】夏，四月，蔡世子般弒其君固。

【傳】其不日，子奪父政，是謂夷之。

【集解】比之夷狄，故不日也。丁未，楚世子商臣殺其父，傳曰：「日髡之『卒』，所以謹

〔一〕「弒」，原誤作「殺」，據鍾本改。
〔二〕「義」，原誤作「善」，據鍾本改。

商臣之弒也。」楚公子比弒其君，傳曰：「不日，比不弒。」般弒，不日，而曰「夷之」，何也？徐乾曰：「凡中國君正『卒』，皆書日以録之；夷狄君『卒』，皆不日以略之，所以別中國與夷狄。夷狄弒君，而日者，閔其爲惡之甚，謹而録之。中國君『卒』，例日，不以弒與不〔一〕弒也。至于『卒』而不日者，乃所以略之，與夷狄同例。」

【經】五月，甲午，宋災，伯姬卒。

【傳】取「卒」之日，加之「災」上者，見以災卒也。其見以災卒，奈何？伯姬之舍失火，左右曰：「夫人少辟火乎？」伯姬曰：「婦人之義，傅母不在，宵不下堂。」

左右又曰：「夫人少辟火乎？」伯姬曰：「婦人之義，保母不在，宵不下堂。」

【集解】宵，夜。

【補注】婦人年五十無子，出不復嫁，若能用婦道教人者，則爲傅母、保母。傅母，傅相女之德義，所以正其行也。保母，保安女之居處，所以衛其身也。禮，夫人必有傅母、保母。未嫁而置，嫁即隨往。

〔一〕「不」，原誤作「夷」，據鍾本改。

遂逮乎火而死。婦人以貞爲行者也。伯姬之婦道，盡矣。詳其事，賢伯姬也。

【經】天王殺其弟佞夫。

【傳】傳曰，諸侯且[一]不首惡，

【補注】首惡，亦隱元年傳所謂「目君」也。況於天子乎？君無忍親之義，天子、諸侯所親者，唯長子、母弟耳。「天王殺其弟佞夫」，甚之也。

【補注】稱「王」，目君之辭。稱「弟」，通屬之辭。

【補注】天子而殺母弟，其將無以爲天下法，故目君通屬，皆見甚之也。

【經】王子瑕奔晉。

【集解】不言「出」，周無外。

【經】秋，七月，叔弓如宋，葬共姬。

〔一〕「且」，原誤作「目」，據石經本改。

【集解】共姬，從夫之謚。

【傳】外夫人，不書「葬」。此其言「葬」，何也？吾女也。卒災，故隱而「葬」之也。

【經】鄭良霄出奔許，自許入于鄭。

【經】鄭人殺良霄。

【傳】不言「大夫」，惡之也。

【補注】義與二十三年「晉人殺欒盈」同。

【經】冬，十月，葬蔡景公。

【傳】不日「卒」，而月「葬」，不「葬」者也。卒而「葬」之，不忍使父失民於子也。

【集解】鄭嗣曰：「夫葬者，臣子之事也。景公無子，不可謂無民。無民，則景公有失於民。有民，則罪歸於子。若不書『葬』，則嫌亦失民，故曰『不忍使父失民於子』」。

【補注】春秋君弑，賊不討，不書「葬」。今蔡，子而弑父，國人不討，是景公既失其子，又失其臣，宜在不「葬」例。而經「葬」之者，以景公之弑，既不稱「人」，亦不稱國，是景公無過，亦非惡可知，若不書「葬」，則嫌景公孑然盡失其民矣。君子不忍以子之無義累父於失民之咎，故特爲書「葬」，見景公之猶未失民，而獨子般之無道也。景公得「葬」之義，正與宋襄不「葬」之義相輔成也。

【經】晉人、齊人、宋人、衛人、鄭人、曹人、莒人、邾人、滕人、薛人、杞人、小邾人會于澶淵，宋災故。

【傳】會，不言其所爲。其曰「宋災故」，何也？不言「災故」，則無以見其善也。其曰「人」，何也？救災以衆。何救焉？更宋之所喪財也。

【集解】償其所喪財，故雖不及災時，而猶曰救災。

【補注】諸侯有災，同盟致禬，禮也。善諸侯之以禮相睦，故特言「宋災故」。澶淵之會，中國不侵伐夷狄，夷狄不入中國，無侵伐八年，善之也。晉趙武、楚屈建之力也。

【補注】會無楚，而傳稱「楚屈建」者，由善此會，追述之爾。案春秋，晉趙武兩會澶淵，一會於宋，内安中國。楚屈建一會於宋，外寧夷狄。皆二子之力，功得所致也。

【經】三十有一年，春王，正月。

【經】夏，六月，辛巳，公薨于楚宮。

【傳】楚宮，非正也。
【集解】楚宮，別宮名，非路寢。
【補注】何休云：「公朝楚，好其宮，歸而作之，故名之云爾。」
【經】秋，九月，癸巳，子野卒。
【集解】襄公太子。
【傳】子「卒」，日，正也。
【經】己亥，仲孫羯卒。
【經】冬，十月，滕子來會葬。
【集解】書非禮。
【補注】禮，諸侯之喪，士弔，大夫送葬。今滕子以君來，非禮，故志之也。
【經】癸酉，葬我君襄公。
【經】十有一月，莒人弑其君密州。

卷十七

昭公

【補注】昭公名稠，襄公之子，以周景王四年即位。案謚法，容儀恭明曰「昭」。

【經】元年，春王，正月，公即位。

【傳】繼正「即位」，正也。

【經】叔孫豹會晉趙武、楚公子圍、齊國弱、宋向戌、衛齊惡、陳公子招、蔡公孫歸生、鄭罕虎、許人、曹人于郭。

【經】三[一]月，取鄆。

【集解】鄆，魯邑。言「取」者，叛戾不服。

【補注】內邑徑直以叛，於是始見，故謹而月之。凡於內邑，言「取」、言「圍」者，皆見叛戾不服。言「取」，見服之易。言「圍」，見服之難。

【經】夏，秦伯之弟鍼出奔晉。

【傳】諸侯之尊，弟兄不得以屬通。其「弟」云者，親之也。親而奔之，惡也。

【經】六月，丁巳，邾子華卒。

【經】晉荀吴帥師敗狄于大原。

【集解】大原，地。

【補注】地之高平者曰「大原」。蓋狄地也。

【傳】傳曰，中國曰「大原」，夷狄曰「大鹵」。號從中國，名從主人。

【集解】襄五年注詳矣。

[一]「三」，原誤作「二」，據石經本改。

【經】秋，莒去疾自齊入于莒。

【經】莒展出奔吴。

【補注】莒子展也。不稱爵者，徐邈云：「不爲内外所與也。不成君，故但書名。」

【經】叔弓帥師疆鄆田。

【傳】「疆」之爲言，猶「竟」也。

【集解】爲之竟〔一〕界。

【經】葬邾悼公。

【補注】邾至此始書「葬」，蓋魯始往會葬故也。

【經】冬，十有一月，己酉，楚子卷卒。

【補注】案左傳，楚公子圍將聘於鄭，未出境，聞王有疾而還。十一月，己酉，公子圍至，入問王疾，縊而弒之，遂殺其二子幕及平夏，自立，爲楚靈王。不書「弒」者，杜預云：「楚以瘧疾赴，故不書『弒』。」則是楚不以實赴諸侯，託之於疾，告終稱嗣，若從禮也。魯既聽

〔一〕「竟」，原誤作「竸」，據鍾本改。

赴，史當從辭，經承魯史，又仍之也。然經所以又仍之者，文元年傳曰：「夷狄不言正不正。」言夷狄未及王化，卑陋無禮，因略之，見蔑之不治。故此從赴不改，更見深蔑之矣。

【經】楚公子比出奔晉。

【經】二年，春，晉侯使韓起來聘。

【經】夏，叔弓如晉。

【經】秋，鄭殺其大夫公孫黑。

【經】冬，公如晉，至河乃復。

【集解】「乃」者，亡乎人之辭。刺公弱劣，受制彊臣。

【傳】恥如晉，故著有疾也。

【集解】公凡四如晉。季氏訴公于晉侯，使不見公，公懼不利于己，故公托至河有疾而反，以殺恥也。十二年傳曰「季氏不使遂乎晉」，與此傳互文以見義。然則十三年、二十一年如晉，與此義同。二十三年經曰「至河，有疾，乃復」，是微有疾而反，嫌與上四如晉同，故明之。

【經】季孫宿如晉。

【傳】公如晉而不得入，季孫宿如晉而得入，惡季孫宿也。

【集解】明晉之不見公，季孫宿之所爲。

【經】三年，春王，正月，丁未，滕子原卒。

【補注】滕自此「卒」始稱名，下並始書「葬」者，蓋終棄狄道而復中國，能自正之，故亦復其中國例也。

【經】夏，叔弓如滕。

【經】五月，葬滕成公。

【經】秋，小邾子來朝。

【補注】此接上「夏，叔弓如滕」。

【經】八月，大雩。

【經】冬，大雨雹。

【補注】劉向以爲，是時季氏專權，脅君之象見。昭公不寤，後季氏卒逐昭公。

【經】北燕伯款出奔齊。

【補注】燕簡公多嬖寵，欲去諸大夫而立其寵人，燕大夫比以殺公之外嬖，公懼而奔齊。

【傳】其曰「北燕」，從史文也。

【經】四年，春王，正月，大雨雪。

【集解】雪，或爲「雹」。

【補注】案左傳作「大雨雹」。劉向以爲，昭娶於吳，而爲同姓，謂之「吳孟子」。君行於上，臣非於下。又三家已彊，皆賤公行，慢侮之心生。

【經】夏，楚子、蔡侯、陳侯、鄭伯、許男、徐子、滕子、頓子、胡子、沈子、小邾子、宋世子佐、淮夷會于申。

【集解】楚靈王始會諸侯也。

【補注】不外淮夷者，楚亦夷狄，而主會，故不殊其類。

【經】楚人執徐子。

【集解】稱「人」以執，執有罪。

【經】秋，七月，楚子、蔡侯、陳侯、許男、頓子、胡子、沈子、淮夷伐吴。

【集解】衆國之君，傾衆悉力，以伐彊敵，内外之害重，故謹而月之。定四年伐楚，亦月，此其例也。

【經】執齊慶封，殺之。

【補注】此接上經「伐吴」。

【傳】此入而殺，其不言「入」，何也？慶封封乎吴鍾離。

【集解】言時殺慶封，自于鍾離，實不入吴。

其不言「伐鍾離」，何也？不與吴封也。

【補注】義與楚以彭城封宋魚石同。

慶封其以「齊」氏，何也？

【集解】據已絶于齊。

爲齊討也。靈王使人以慶封令於軍中，曰：「有若齊慶封弑其君者乎？」

【集解】謂與崔杼共弑莊公光。

慶封曰：「子一息，我亦且一言。」曰：「有若楚公子圍弑其兄之子，而代之爲君者乎？」

【補注】「楚公子圍」，即楚靈王也。「其兄」，謂楚子卷。「弑」之事，詳元年。

軍人粲然皆笑。

【集解】粲然，盛笑貌。

慶封弑其君，而不以弑君之罪罪之者，慶封不爲靈王服也。不與楚討也。

【集解】傳例曰，稱「人」以殺大夫，爲殺有罪。今殺慶封，經不稱「人」，故曰「不以弑君之罪罪之」。

春秋之義，用貴治賤，用賢治不肖，不以亂治亂也。孔子曰：「懷惡而討，雖死不服。」其斯之謂與？

【經】遂滅厲。

【補注】時厲以吴彊故，叛楚即吴，楚遂因伐吴而滅之。

【傳】遂，繼事也。

【經】九月，取繒。

【補注】魯取之。

【經】冬，十有二月，乙卯，叔孫豹卒。

【經】五年，春王，正月，舍中軍。

【傳】貴復正也。

【集解】魯次國，舊二軍。襄十一年立三軍，今毁之，故曰「復正」。

【經】楚殺其大夫屈申。

【經】公如晉。

【經】夏，莒牟夷以牟婁及防兹來奔。

【傳】「以」者，不以者也。來奔者，不言「出」。

【集解】以其方向内也。

「及防兹」，以大及小也。莒無大夫，其曰「牟夷」，何也？以其地來也。以地來，則何以書也？重地也。

【集解】竊地之罪重，故不得不録其人。

【補注】地者，天之根，政之本，上之所封，下之所守，故重之也。

【經】秋，七月，公至自晉。

【經】戊辰，叔弓帥師敗莒師于賁泉。

【集解】賁泉，魯地。

【傳】狄人謂賁泉「失台」。

【補注】狄人，謂莒。中國謂之「賁泉」，莒謂之「失台」。號從中國，名從主人。

【經】秦伯卒。

【經】冬，楚子、蔡侯、陳侯、許男、頓子、沈子、徐人、越人伐吴。

【經】六年，春王，正月，杞伯益姑卒。

【經】葬秦景公。

【補注】秦至此始書「葬」者，蓋同「葬邾悼公」，亦魯始往會葬故也。

【經】夏，季孫宿如晉。

【經】葬杞文公。

【經】宋華合比出奔衛。

【經】秋，九月，大雩。

【經】楚薳罷帥師伐吳。

【經】冬，叔弓如楚。

【經】齊侯伐北燕。

【經】七年，春王，正月，暨齊平。

【傳】「平」者，成也。暨，猶「暨暨」也。「暨」者，不得已也。以外及内曰「暨」。

【補注】「暨暨」者，彊梁之貌。案爾雅釋詁：「暨，與也。」又釋訓：「暨，不及也。」則是已將不欲，而爲人所彊脅，其不獲已，遂從與之，故曰「不得已也」。

【經】三月，公如楚。

【經】叔孫婼如齊莅盟。

【傳】莅，位也。内之前定之辭謂之「莅」，外之前定之辭謂之「來」。

【經】夏，四月，甲辰，朔，日有食之。

【經】秋，八月，戊辰，衛侯惡卒。

【傳】鄉曰「衛齊惡」，

【集解】在元年。

今曰「衛侯惡」，此何爲君臣同名也？君子不奪人名，不奪人親之所名，重其所以來也。王父名子也。

【集解】不奪人名，謂親之所名，明臣雖欲改，君不當聽也。君不聽臣易名者，欲使重父命也。父受命名于王父，王父卒，則稱[一]王父之命名之。

【補注】案曲禮有云大夫、士之子不敢與世子同名者，言君世子生在臣之子前已名，以世子之貴，臣之子不得同之，所以避僭效也。若臣之子生在君世子前已名，君後名世子而與

〔一〕「稱」，原誤作「聽」，據鍾本改。

之同，臣則不須改易，君亦不當奪之，所以使人重父命也。重父命，亦爲重人之所由來也。禮，父受名於王父以命子。王父卒，則父於禰廟，稱王父命名之。父之禰，子之祖也。爾雅釋親：「父之考，爲『王父』。」王父，即祖也。其稱「王父」，言如王者尊之也。

【經】九月，公至自楚。

【經】冬，十有一月，癸未，季孫宿卒。

【經】十有二月，癸亥，葬衛襄公。

【經】八年，春，陳侯之弟招殺陳世子偃師。

【傳】鄉曰「陳公子招」，

【集解】在元年。

今曰「陳侯之弟招」，何也？曰：盡其親，所以惡招也。

【集解】盡其親，謂既稱「公子」，又稱「弟」。招，先君之公子，今君之母弟。

兩下相殺，不志乎春秋。此其志，何也？「世子」云者，唯君之貳也云，可以重之存焉，志之也。

【補注】以世子之重，可以志之也。諸侯之尊，兄弟不得以屬通。其「弟」云者，親之也。親而殺之，惡也。

【集解】惡招。

【經】夏，四月，辛丑，陳侯溺卒。

【經】叔弓如晉。

【經】楚人執陳行人干徵師，殺之。

【集解】干，姓。徵師，名。

【傳】稱「人」以執大夫，執有罪也。稱「行人」，怨接於上也。

【補注】上曰「執有罪」者，是罪其國。下曰「怨接於上」者，是怨其君。因罪其國，乃怨其君，遂執其使人。此互文爾。

【經】陳公子留出奔鄭。

【經】秋，蒐于紅。

【集解】紅，魯地。

【補注】案桓四年「春，正月，公狩于郎」，言「公」。「狩」言「公」，而「蒐」不言「公」者，以「蒐」是國家常禮，不嫌非公，故不待言；「狩」則以田爲主，非公亦得言之，故須舉「公」以見。

【傳】正也。

【集解】常事不書，而此書者，以後比年「大蒐」失禮，因此以見正。

因蒐狩以習用武事，禮之大者也。艾蘭，以爲防。

【集解】蘭，香草也。防，爲田之大限。

【補注】艾，又作「刈」。周禮，大田獵，則虞人芟刈草萊作爲防限，然後驅禽，使入防限中，在其内而射之。亦所以有防限者，下傳曰：「過防弗逐，不從奔之道也。」禮，戰不出傾，田不出防，古之道也。案蘭，是稀貴之草，舉「蘭」言者，見不以物害禮也。

置旃，以爲轅門。

【集解】旃，旌旗之名。周禮：「通帛爲旃。」轅門，卬車以其轅表門。

【補注】言以車連屬相帀，屏障爲營，又别仰兩車，舉其轅使相對如門，門分左右，皆南開，復於每門兩旁建旗以識衆。天子建旌，諸侯建旃。

以葛覆質，以爲槷。

【集解】質，椹也。槷，門中臬。葛，或爲「褐」。

【補注】葛，謂葛草。質，謂中門之木椹。恐木椹傷馬足，故以葛草覆之。

流旁〔一〕握，御轚者，不得入。

【集解】流旁握，謂車兩轊頭，各去門邊容握。握，四寸也。轚挂，則不得入門。

【補注】流，至。轚，挂。門之廣狹，足令車通。至車兩軸，去門之旁邊四寸，若車挂著門，則不令得入，以恥罰其御拙也。

車軌塵，

【集解】塵不出轍。

馬候蹄，

【集解】發足相應，遲疾相投。

揜禽旅。

【集解】揜取衆禽。

〔一〕「旁」，原誤作「房」，據下集解改。

【補注】揜，同「掩」。旅，衆也。驅則掩取衆禽，及田，則簡其麛卵之流而放之。射訖，則釋其面傷之徒不獻。

御者不失其馳，然後射者能中。

【集解】不失馳騁之節。

過防弗逐，不從奔之道也。

【集解】戰不逐奔之義。

面傷，不獻。

【集解】嫌誅降。

不成禽，不獻。

【集解】惡虐幼小。

禽雖多，天子取三十焉，其餘與士衆，以習射於射宮。

【集解】取三十，以共乾豆、賓客、君之庖、射宮、澤〔一〕宮。

〔一〕「澤」，原誤作「擇」，據鍾本改。周禮鄭玄注引漢鄭司農云：「澤，澤宮也，所以習射選士之處也。」

【補注】天子每禽取三十焉，宗廟、賓客、君庖各十。其餘每禽三十之外，以與卿大夫、士，習射於澤宫。澤宫者，所以習射選士之處也。案射義，天子將祭，先習射於澤宫。已射於澤宫，而後射於射宫，射中者，得與祭，不中者，不得與祭。傳以「射宫」言之者，舉其習射事也。

射而中，田不得禽，則得禽。田得禽，而射不中，則不得禽。

【補注】中，謂中椹質，非謂禽也。

是以知古之貴仁義而賤勇力也。

【集解】射，以不爭爲仁，揖讓爲義。

【補注】「貴仁義」者，射義云：「故射者，進退周還必中禮。内志正，外體直，然後持弓矢審固。持弓矢審固，然後可以言中。此可以觀德行矣。」又云：「射者，仁之道也。射求正諸己，己正而後發。發而不中，則不怨勝己者，反求諸己而已矣。」孔子曰：「君子無所爭。必也射乎！揖讓而升，下而飲。其爭也君子。」「賤勇力」者，非實賤之，乃賤其用非所宜爾。禮記聘義云：「聘、射之禮，至大禮也。質明而始行事，日幾中而後禮成，非彊有力者，弗能行也。故彊有力者將以行禮也，酒清人渴而不敢飲也，肉乾人飢而不敢食也。日莫人倦，齊莊、正齊，而不敢解惰，以成禮節，以正君臣，以親父子，以和長幼，此衆人之所難，而君子行之，故謂之有行。有行之謂有義，有義之謂勇敢，故所貴於勇敢者，貴其能以立義也。所貴於立義者，貴其有行也。所貴於有行者，貴其行禮也。故所貴於勇敢者，貴其敢行禮義也。故勇敢彊有力者，天下無事，則用之於禮義；天下有事，則用之於戰勝。用之於戰勝，則無敵。用之於禮義，則順治。外無敵，内順治，此之謂盛德。故聖王之貴勇敢彊有力，如此也。勇敢彊有力，而不用之於禮義、戰勝，而用之於爭鬥，則謂之亂人。刑罰行於國，所誅者，亂人也。如此，則民順治而國安也。」

【經】陳人殺其大夫公子過。

【經】大雩。

【經】冬，十月，壬午，楚師滅陳，執陳公子招，放之于越，殺陳孔奂。

【傳】惡楚子也。

【集解】惡其滅人之國，放有罪之人，反殺無辜之臣，故實是楚子而言「師」。

【經】葬陳哀公。

【傳】不與楚滅，閔公〔一〕也。

【集解】滅國，不「葬」。閔楚夷狄，以無道滅之，故書「葬」以存陳。

【補注】言「葬」，則若國未滅，猶有臣子。

【經】九年，春，叔弓會楚子于陳。

【經】許遷于夷。

【集解】以自遷爲文而地者，許復見也。夷，許地。徐邈曰：「許十八年又遷于白羽。許比遷徙，所都無常，居處薄淺，如一邑之移，故略而不月，不得從國遷常例。」

【經】夏，四月，陳火。

【傳】國曰「災」，邑曰「火」。火，不志。此何以志？閔陳而存之也。

【集解】陳已滅矣，猶書「火」者，不與楚滅也。不可以方全國，故不云「災」。何休曰：「月者，閔之。」

〔一〕「公」，石經本作「之」。

【經】秋，仲孫玃如齊。

【經】冬，筑郎囿。

【經】十年，春王，正月。

【經】夏，齊欒施來奔。

【經】秋，七月，季孫意如、叔弓、仲孫玃帥師伐莒。

【經】戊子，晉侯彪卒。

【經】九月，叔孫婼如晉，

【集解】月者，爲下「葬晉平公」起。

葬晉平公。

【經】十有二月，甲子，宋公成卒。

【集解】不書「冬」，甯所未詳。

【補注】不書「冬」者，蓋闕文，傳疑也。

【經】十有一年，春王，二月，叔弓如宋，葬宋平公。

【集解】晉獻公以殺世子申生，故不書「葬」，宋平公殺世子座，而書「葬」，何乎？何休曰「座有罪」故也。座之罪，甯所未聞。鄭莊公殺弟，而書「葬」，以段不弟也，何氏將以理例推之。然則段不弟也，故不書「弟」。座若不子，亦不應書「世子」。書「世子」，則座之罪非不子明矣。

【經】夏，四月，丁巳，楚子虔誘蔡侯般，殺之于申。

【傳】何爲名之也？

【集解】據諸侯不生名。

【補注】問楚子虔何以生稱名也。

夷狄之君誘中國之君而殺之，故謹而名之也。

【補注】惡之，故名之也。

稱時，稱月，稱日，稱地，謹之也。

【集解】蔡侯般，弑父之賊，此人倫之所不容，王誅之所必加。禮，凡在官者，殺無赦，豈得惡楚子殺般乎？若謂夷狄之君不得行禮于中國者，理既不通，事又不然。宣十一年「楚人殺陳夏徵舒」，不言「入」，傳曰：「明楚之討有罪也。」似若上下違反，不兩立之説。嘗試論之，曰，夫罰不及嗣，先王之令典。懷惡而討，丈夫之醜行。楚虔滅人之國，殺人之子，伐不以罪，亦已明矣。莊王之討徵舒，則異於是矣。凡罰當其理，雖夷必申。苟違斯道，雖華必抑。故莊王得爲伯討，齊侯不得滅紀。趙盾救陳，則稱「師」以大之。靈王誘蔡，則書名以惡之。所以情理俱揚，善惡兩顯，豈直惡夷狄之君討中國之亂哉？夫楚靈王之殺蔡般，亦猶晉惠之戮里克，雖伐弒逆之國，誅有罪之人，不獲討賊之美，而有累謹之名者，良有以也。

【經】楚公子棄疾帥師圍蔡。

【經】五月，甲申，夫人歸氏薨。

【集解】昭公母，胡女，歸姓。

【經】大蒐于比蒲。

【集解】夏而言「蒐」，蓋用秋蒐之禮。八年「秋，蒐于紅」，傳曰「正也」。此月「大蒐」，人衆器械，有踰常禮。時有小君之喪，不譏喪蒐者，重守國之衛，安不忘危。

【補注】上八年曰「蒐」，此曰「大蒐」者，范君略例云：「器械皆常，故不云『大』。言『大』

者，則器械過常。」喪不貳事，今在喪以蒐，是貳事也，而傳不譏之者，案莊二十九年冬「城諸及防」，傳曰：「可城也。」彼言「可城」，是特文以見存有「可」辭，其唯「可」乎一隅，隅乎不妨農役爾。此不譏喪蒐，是没文以見存有「可」辭，亦唯「可」乎一隅，隅乎重守國之衛，安不忘危爾。雖皆存有「可」辭，然皆無嫌不譏也。比蒲，魯地。

【經】仲孫貜會邾子盟于祲祥。

【集解】祲祥，地也。

【補注】祲祥，地闕。

【經】秋，季孫意如會晉韓起、齊國弱、宋華亥、衛北宮佗、鄭罕虎、曹人、杞人于厥憖。

【集解】厥憖，地也〔一〕。

【補注】厥憖，地闕。

【經】九月，己亥，葬我小君齊歸。

〔一〕「也」，原誤作「反」，據鍾本改。

【集解】齊，謚。

【經】冬，十有一月，丁酉，楚師滅蔡，執蔡世子友以歸，用之。

【集解】僖十九年「邾人執繒子，用之」，傳曰「『用之』者，叩其鼻以衈血〔一〕」，「惡之，故謹而日之」。

【補注】案春秋，滅中國，則重之謹日。祭用人，則惡之謹日。皆當謹日，其以用人爲甚。

【傳】此「子」也，

【集解】諸侯在喪，稱「子」。

其曰「世子」，何也？不與楚殺也。一事注乎志，所以惡楚子也。

【集解】一事輒注而志之也。何休曰：「即不與楚殺，當貶楚爾，何故反貶蔡稱『世子』邪？」鄭君釋之曰：「滅蔡者，楚子也，而稱『師』，固已貶矣。楚子思啓封疆而貪蔡，誘殺蔡侯般，冬而滅蔡殺友，惡其淫放其志，殺一〔二〕國二君，以取其國，故變『子』言

〔一〕「血」，案僖十九年傳作「社」。
〔二〕原本「殺」字下無「一」字，據鍾本補。

『世子』，使若不得其君終。」

【補注】注，猶「屬」也。春秋於滅國，無暴如此者，故於楚之滅蔡而書「誘」、書「殺」、書「圍」、書「滅」、書「執」、書「用」，相連屬以志之，所以見深惡之也。

【經】十有二年，春，齊高偃帥師納北燕伯于陽。

【集解】三年所奔齊者。高傒玄孫，齊大夫也。陽，燕別邑。不言「于燕」，未得國都也。

【傳】「納」者，內不受也。燕伯之不名，何也？

【集解】據義不可受，則應名而絶之。

不以高偃挈燕伯也。

【集解】邵曰：「公子遂以去『公子』爲挈，燕伯以書名爲挈者，臣宜書名，故須去『公子』乃爲挈；君不可名，而以臣名君者，不待去『燕伯』則爲挈也。是以目『燕伯』，而不書名，所以不與高偃挈之。」

【補注】「不以高偃挈燕伯」者，謂不以臣名君也。北燕伯，君也。高偃，臣也。以臣名君，則失其尊卑，亂其上下，義不可取，故燕伯入不書名，所以見尊卑之義也。

【經】三月，壬申，鄭伯嘉卒。

【經】夏，宋公使華定來聘。

【經】公如晉，至河乃復。

【傳】季孫氏不使遂乎晉也。

〔補注〕「季孫氏」者，季孫意如也。遂，猶「成」。意如譖公於晉，故公終不得成其行。傳不曰「季孫意如」，而曰「季孫氏」者，蓋欲見其累世譖公故。

【經】五月，葬鄭簡公。

【經】楚殺其大夫成虎。

【經】秋，七月。

【經】冬，十月，公子慭出奔齊。

【經】楚子伐徐。

【經】晉伐鮮虞。

【傳】其曰「晉」，狄之也。其狄之，何也？不正其與夷狄交伐中國，故狄稱之也。

【集解】鮮虞，姬姓，白狄也。地居中山，故曰「中國」。夷狄，謂楚也。何休曰：「春秋多與夷狄並伐，何以不狄也？」鄭君釋之曰：「晉不見因會以綏諸夏，而伐同姓，貶之，可也。狄之，大重。晉爲厥慭之會，實謀救蔡，以八國之師而不救，楚終滅蔡。今又伐徐，晉不糾合諸侯，以遂前志，舍而伐鮮虞，是楚而不如也，故狄稱之焉。」厥慭之會，穀梁無傳，鄭君之説似依左氏，甯所未詳，是穀梁意非。

【經】十有三年，春，叔弓帥師圍費。

【補注】南蒯以費邑叛，故圍之。

【經】夏，四月，楚公子比自晉歸于楚，弒其君虔于乾溪。

【集解】乾溪，楚地。

【傳】「自晉」，晉有奉焉爾。歸而弒，不言「歸」。言「歸」，非弒也。

【集解】傳例曰，歸爲善，自某歸次之。然則弒君不得言「歸」。比不弒之一驗也。

歸，一事也。弒，一事也。而遂言之，以比之「歸」、「弒」，比不弒也。

【集解】歸，弒，其事各異，自宜別書之，而今連言之，是比之歸遇君弒爾。比不弒之二驗也。

弒君者，日。不日，比不弒也。

【集解】據文元年「丁未，楚世子商臣弒其君髡」日。此不日，比不弒之三驗也。

【補注】靈王非比所弒，而以弒君之罪加比者，案左傳，楚師伐徐，靈王次於乾溪，以爲之援。公子棄疾君陳、蔡，主方城之外，觀從以棄疾命，召比於晉，至楚郊，棄疾使須務牟與史猈先入，因正僕人殺太子禄及公子罷敵，遂脅比以立之，令於乾谿曰：「先至，復所。後者劓。」乾溪師潰，靈王經而死。是比雖脅立不弒，然靈王因比而死，則比無可逃義，故猶以弒君之罪加之矣。

【經】楚公子棄疾殺公子比。

【傳】當上之辭也。「當上之辭」者，謂不稱「人」以殺，乃以君殺之也。

【集解】稱「人」以殺，謂若「衛人殺祝吁于濮」是也。今比實不弒，故以君殺大夫之辭言之。

【補注】書「公子棄疾殺公子比」，猶宣十五年書「王札子殺召伯、毛伯」，皆是當上之辭。

討賊以當上之辭，殺非弒也。

【集解】實有弒君之罪，則人人皆欲殺，宜稱「人」以殺之。今言「楚公子棄疾殺公子比」，明棄疾所殺非弒君之人。比之不弒四驗也。

比之不弒，有四。

【集解】上四事。

取國者，稱國以「弒」。

【集解】若比欲取國而殺君者，當直云「楚比弒其君虔」，不應言「公子」也，若「衛祝吁弒其君完」、「齊無知弒其君諸兒」之類是也。

「楚公子棄疾殺公子比」，比不嫌也。

【集解】今棄疾殺之，又言「殺公子比」，不言「弒其君」，是比無欲爲君之嫌。

春秋不以嫌代嫌。

【集解】不以亂治亂之義。

【補注】「不以嫌代嫌」者，釋「棄疾」之不以國氏，與文十四年商人之不以國氏同。上曰「比不嫌也」，以比無爲君之志，亦無弒君之實，故即其本意曰「不嫌」。此曰「不以嫌代嫌」，似以比爲嫌者。靈王見弑，比被脅而立，以其立不當立，故可稱「嫌」焉爾。

棄疾主其事，故嫌也。

【集解】比實無弑君之罪，而主殺之者，是棄疾欲爲君之嫌。

【補注】靈王之弑，棄疾實主其謀，今又殺比，是棄疾有當國之嫌。當國之嫌，宜以國氏，但春秋之義，不以嫌代嫌，棄疾因未可國氏也。經既無嫌文，故傳明發之，見棄疾之嫌焉爾。

【經】秋，公會劉子、晉侯、齊侯、宋公、衛侯、鄭伯、曹伯、莒子、邾子、滕子、薛伯、杞伯、小邾子于平丘。

【集解】平丘，地也。

【補注】劉子，王之卿士。平丘，衛地。

【經】八月，甲戌，同盟于平丘，公不與盟。

【集解】公以再如晉不得入，故不肯與盟。

【傳】「同」者，有同也，同外楚也。「公不與盟」者，可以與而不與，譏在公也。其日，善是盟也。

【集解】公不與盟，當從外盟，不日。今日之，善其會盟，因楚有難，而反陳、蔡之君。

【經】晉人執季孫意如，以歸。

【集解】以公不與盟〔一〕故。

【經】公至自會。

【經】蔡侯廬歸于蔡。

【經】陳侯吴歸于陳。

【集解】八年楚滅陳，十一年楚滅蔡，諸侯會而復之，故言「歸」。

【補注】二君皆不言「復」者，以其滅，無舊國，故不得言也。

【傳】善其成之會而歸之，故謹而日之。

【集解】二國獲復，此盟之功也，故於其「歸」，追述前盟謹日之意，以美諸侯存亡繼絶，非謹陳、蔡歸國之日也。於「盟」，則發謹日之美。於「歸」，則論致美之義。

此未嘗有國也，

【補注】「未嘗有國」者，謂陳、蔡已滅。

〔一〕「盟」，原誤作「名」，據四庫本及鍾本改。

使如失國辭然者，

【補注】稱爵，稱名，而言「歸」，則如失國例。

不與楚滅也。

【經】冬，十月，葬蔡靈公。

【補注】蔡侯般也。

【傳】變之不「葬」，有三。

【集解】變之，謂改常禮。春秋之常，小國，夷狄，不「葬」。

【補注】詳隱三年范君引徐邈説。

失德，不「葬」。

【集解】無君道。

弑君，不「葬」。

【集解】謂不討賊，如無臣子。

滅國，不「葬」。

【集解】無臣子也。

然且「葬」之，不與楚滅，且成諸侯之事也。

【集解】蔡靈公弒逆無道，以至身死國滅，不宜書「葬」。書「葬」者，不令夷狄加乎中國，且成諸侯與滅繼絶之善，故「葬」之。

【經】公如晉，至河乃復。

【經】吴滅州來。

【補注】州來，楚之大邑。邑而曰「滅」，見重之也，義與僖二年「虞師、晉師滅夏陽」同。

卷十八

【經】十有四年，春，意如至自晉。

【傳】大夫執，則致。致，則名。意如惡，然而致，見君臣之禮也。

【集解】大夫有罪，則宜廢之。既不能廢，不得不盡爲君臣之恩，故曰「見君臣之禮」。

【經】三月，曹伯滕卒。

【經】夏，四月。

【經】秋，葬曹武公。

【經】八月，莒子去疾卒。

【經】冬，莒殺其公子意恢。

【傳】言「公子」，而不言「大夫」，莒無大夫也。莒無大夫，而曰「公子意恢」，意恢賢也。曹、莒皆無大夫，其所以無大夫者，其義異也。

【集解】曹叔振鐸，文王之子，武王封之于曹，在甸服之内，後削小爾。莒，己姓東夷，本微國。

【經】十有五年，春王，正月，吴子夷末卒。

【經】二月，癸酉，有事于武宫，籥入，叔弓卒，去樂卒事。

【傳】君在祭樂之中，聞大夫之喪，則去樂卒事，禮也。

【集解】「祭樂」者，君在廟中祭作樂。

【補注】去樂，謂撤不用樂，因有以示哀痛也。卒事，謂不止祭事，未敢以廢宗廟也。

君在祭樂之中，大夫有變，以聞，可乎？

【集解】變，謂死喪。

【補注】以聞，謂告君也。

大夫，國體也。

【集解】君之卿佐，是謂股肱，故曰「國體」。

古之人重死，君命無所不通。

【集解】死者不可復生，重莫大焉。是以君雖在祭樂之中，大夫死，以聞，可也。

【補注】國有卿大夫之喪，君雖在祭，亦必告。

【經】夏，蔡朝吴出奔鄭。

【集解】朝吴，蔡大夫。

【經】六月，丁巳，朔，日有食之。

【經】秋，晉荀吴帥師伐鮮虞。

【經】冬，公如晉。

【經】十有六年，春，齊侯伐徐。

【經】楚子誘戎蠻子殺之。

【集解】楚子不名，戎蠻子非中國故。

【補注】戎，種號。蠻，公羊作「曼」，國名。戎蠻稱「子」，蓋起其是戎君也。不名，戎狄賤異也。經言「戎蠻」，猶言「赤狄潞氏」，而不若「潞氏」言「氏」者，以「蠻」下即稱「子」，故不復言「氏」，文所便宜爾。

【經】夏，公至自晉。

【經】秋，八月，己亥，晉侯夷卒。

【經】九月，大雩。

【經】季孫意如如晉。

【經】冬，十月，葬晉昭公。

【經】十有七年，春，小邾子來朝。

【經】夏，六月，甲戌，朔，日有食之。

【經】秋，郯子來朝。

【經】八月，晉荀吳帥師滅陸渾戎。

【集解】滅夷狄，時。潞子嬰兒賢，則日。此月者，蓋亦有殊于常戎。

【經】冬，有星孛于大辰。

【補注】「大辰」者，蒼龍之體，房、心、尾三宿之總稱也。心宿亦謂「大火」，在中最明，時候主焉，故又以「大火」爲「大辰」之次名。

【傳】一有一亡曰「有」。「于大辰」者，濫于大辰也。

【集解】劉向曰：「『大辰』者，大火也。不曰『孛于大火』，而曰『大辰』者，謂濫于蒼龍之體，不獨加大火。」

【補注】星傳曰：「心，大星，天王也。其前星，太子。後星，庶子也。尾爲君臣乖離。」劉向以爲，孛星加心，象天子嫡庶將分爭也。其在諸侯，角、亢、氐，陳、鄭也；房、心，宋也。後五年，周景王崩，王室亂，大夫劉子、單子立王猛，尹氏、召伯、毛伯立子朝。子朝，楚出也。時楚彊，宋、衛、陳、鄭皆南附楚。王猛既卒，敬王即位，子朝入王城，天王居狄泉，莫之敢納，五年，楚平王居卒，子朝奔楚，王室乃定。後楚帥六國伐吳，吳敗之於雞甫，殺獲其君臣。蔡怨楚而滅沈，楚怒，圍蔡。吳人救之，遂爲伯舉之戰，敗楚師，屠郢都，妻昭王母，鞭平王墓。此皆孛彗流炎所及之效也。

【經】楚人及吳戰于長岸。

【集解】長岸，楚地。

【傳】兩夷狄，曰「敗」。

【集解】夷狄不能結日成陳，故曰「敗」，「於越敗吴于檇李」是也。

中國與夷狄，亦曰「敗」。

【集解】「晉荀吴敗狄于大鹵」是也。

「楚人及吴戰于長岸」，進楚子，故曰「戰」。

【經】十有八年，春王，三月，曹伯須卒。

【經】夏，五月，壬午，宋、衛、陳、鄭災。

【傳】其志，以同日也。其日，亦以同日也。

【補注】四國同日見災，異之，故謹而志之，且日也。

或曰，人有謂鄭子産曰：「某日有災。」

【補注】某日，即指此壬午日也。案左傳，先是，鄭裨竈言於子産曰：「宋、衛、陳、鄭將同日火，若我用瓘斝玉瓚，鄭必不火。」子産弗與。既災，裨竈復謂子産曰：「不用吾言，鄭又將火。」子産不可。子大叔曰：「寶，以保民也。若有火，國幾亡。可以救亡，子何愛焉？」子産曰：「天道遠，人道邇，非所及也，何以知之？竈焉知天道？是亦多言矣，豈不或信？」遂不與，亦不復火。

子産曰：「天者神，子惡知之？是人也。同日爲四國災也。」

【補注】夫災不遠人，異不遠政。子産之言，謂天道神藏，雖度數能測，而災異無端，唯人須儆德，非卜可預干。四國之變，是人道未盡，易德失政，適逢同日被災也。此子産以禆竈再言將火，因答之之辭。傳與左氏，比文相偏異，比義相正通。子産之言，道也。禆竈之言，數也。君子憑道，不任數。既盡之於人矣，然後乃託之於天也。將盡之者，德也。將託之者，命也。人以德事天，天以命降人。人常保德，遂天降常命。人常易德，遂天拘常命。常不常，在人，不在天也。書云：「德惟一，動罔不吉。德二三，動罔不凶。惟吉凶不僭在人，惟天降災祥在德。」春秋凡録災異，實天地之運常，人道之反覆爾。表則垂天有獎懲之術，衷則戒人有居正之方，使知退忖以自取謫也。人德或闕，政治從隙，德闕治隙，其弒君之履霜，亡國之漸本也。故於御廩災，曰不若親。於蝝之生，曰非税畝。於梁山崩，曰君素縞。於改卜牛，曰不敢專。皆上假以銜災異，下還以勸德政，亦申天以約君，見王道之所亢也。案左氏，火既作，子産亟脩政於國，宋、衛如之。陳不救火，許不弔災。傳云：「君子是以知陳、許之先亡也。」

【經】六月，邾人入鄅。

【補注】鄅，妘姓小國也。

【經】秋，葬曹平公。

【經】冬，許遷于白羽。

【集解】白羽，許地。

【經】十有九年，春，宋公伐邾。

【經】夏，五月，戊辰，許世子止弒其君買。

【傳】日「弒」，正卒也。

【集解】蔡世子般實弒父，故以比之夷狄而不書日。止「弒」而日，知其不〔一〕弒。止不弒，則買正卒也。

〔一〕「不」字原無，據鍾本補。阮校「其」下有「不」字。

正卒，則止不弒也。不弒而曰「弒」，責止也。

【集解】責止不嘗藥。

【補注】左傳：「夏，許悼公瘧。五月，戊辰，飲太子止之藥，卒。」

止曰：「我與夫弒者，不立乎其位。」以與其弟虺。

【集解】止自責曰：「我與弒君之人同罪。」於是致君位於弟。

哭泣，歠飦粥，嗌不容粒，

【集解】嗌，喉也。

【補注】歠，飲也。粥厚曰「飦」，希曰「粥」。孟子曰：「三年之喪，齊疏之服，飦粥之食，自天子達於庶人，三代共之。」

未踰年而死。故君子即止自責而責之也。

【集解】就其有自責心，故以備禮責之。

【補注】君子之見責也，日勸而進。小人之見責也，日怨而退。止以孝自責，君子也。故即止自責而責之者，將以進君子，乃以責君子也。

【經】己卯，地震。

【補注】劉向以爲，是時季氏將有逐君之變。其後宋三臣、曹會皆以地叛，蔡、莒逐其君，吴敗中國，殺二君。

【經】秋，齊高發帥師伐莒。

【經】冬，葬許悼公。

【傳】日「卒」，時「葬」，不使止爲弒父也。曰：子既生，不免乎水火，母之罪也。羈貫成童，不就師傅，父之罪也。

【集解】羈貫，謂交午翦髮以爲飾。成童，八歲以上。

就師學問無方，心志不通，身之罪也。心志既通，而名譽不聞，友之罪也。名譽既聞，有司不舉，有司之罪也。有司舉之，王者不用，王者之過也。

【集解】不敢罪上，故言「過」。

許世子不知嘗藥，累及許君也。

【集解】許君不授子以師傅，使不識嘗藥之義，故累及之。

【補注】禮，君有疾，飲藥，臣先嘗之。親有疾，飲藥，子先嘗之。臣子有嘗藥之義者，凡爲藥物，皆具毒，故必先試藥物厚薄，以度君父之所堪也。新書引湯曰：「藥食嘗於卑，然後至於貴，教也。藥言獻於貴，然後聞於卑，道也。」

【經】二十年，春王，正月。

【經】夏，曹公孫會自夢出奔宋。

【傳】「自夢」者，專乎夢也。

【集解】能專制夢。

【補注】會世封於夢也。

曹無大夫，其曰「公孫」，何也？言其以貴取之，而不以叛也。

【集解】會以公孫之貴而得夢，既而不以之叛，明曹君無道，致令其奔，非會之罪，故書「公孫」以善之。

【經】秋，盜殺衛侯之兄輒。

【傳】盜，賤也。其曰「兄」，母兄也。

【補注】同母兄。

目「衛侯」，衛侯累也。

【集解】凱曰：「諸侯之尊，弟兄不得以屬通。經不書『衛公子』，而斥言『衛侯之兄』者，惡其不能保護其兄，乃爲盜所殺，故稱至賤殺至貴。」

然則何爲不爲君也？

【集解】嫡兄，宜爲君。

曰：有天疾者，

【補注】「有天疾者」，謂生有錮疾，不全乎體者也，若瘖、聾、盲、癘、禿、跛、傴之屬。

不得入乎宗廟。

【補注】言不得成君列宗也。不得成君列宗，遂無得入宗廟以序昭穆，故傳云然。夫君者，將主社稷，臨祭祀，奉民人，事鬼神，從會朝，其必思純於政，形萃於禮，率作興事也。若夫有錮疾者，則心羸體弱，難致純粹，其唯利居息，不利率作也。

「輒」者，何也？曰：兩足不能相過。齊謂之「綦」，楚謂之「踙」，衛謂之「輒」。

【補注】輒生有是疾，故不宜立。

【經】冬，十月，宋華亥、向寧、華定出奔陳。

【集解】徐邈曰：「月者，蓋三卿同出，爲禍害重也。君以臣爲體，民以君爲命，凡爲憂者大，害民處甚，春秋皆變常文，而示所謹，非徒足以見時事之實，亦知安危監戒云耳。」

【經】十有一月，辛卯，蔡侯盧卒。

【經】二十有一年，春王，三月，葬蔡平公。

【經】夏，晉侯使士鞅來聘。

【經】宋華亥、向寧、華定自陳入于宋南里，以叛。

【傳】「自陳」，陳有奉焉爾。「入」者，内弗受也。其曰「宋南里」，宋之南鄙也。「以」者，不以者也。叛，直叛也。

【集解】言不作亂。

【經】秋，七月，壬午，朔，日有食之。

【經】八月，乙亥，叔輒卒。

【集解】叔弓之子。

【經】冬，蔡侯東出奔楚。

【傳】「東」者，東國也。

【補注】案二十三年「夏，六月，蔡侯東國卒于楚」，是蔡侯固名「東國」。

何爲謂之「東」也？王父誘而殺焉，

【集解】楚子虔誘蔡侯般，殺之于申。

父執而用焉，

【集解】「執蔡世子友以歸，用之」是也。

奔，而又奔之。曰「東」，惡之而貶之也。

【集解】奔，既罪矣，又奔讎國，惡莫大焉。

【補注】春秋凡諸侯出奔，皆有責其不能死社稷，例當謹而書月。東國出奔，不書月者，楚於蔡，爲仇讎，東國既不知復仇，又不能守國，更奔仇讎，是無恥也。無恥者，無可施謹，因去月見蔑之。曰「東」者，禮，諸侯世子生，以名遍告五祀山川，若先君已葬，則以名遍告及社稷宗廟山川。故名，有表告之道也。無恥者，無可表告，因折名見貶之。「冬，蔡侯東出奔楚」，去月，折名，恥最大也。孟子云：「無恥之恥，無恥矣。」東國不能恥己之無恥，終累此大恥於春秋矣。

【經】公如晉，至河乃復。

【經】二十有二年，春，齊侯伐莒。

【經】宋華亥、向寧、華定自宋南里出奔楚。

【傳】「自宋南里」者，專也。

【集解】專制南里。

【經】大蒐于昌間。

【補注】昌間，魯地。

【傳】秋而曰「蒐」。此春也，其曰「蒐」，何也？以蒐事也。

【補注】春而言「蒐」，亦用秋蒐之禮也，與十一年夏「大蒐于比蒲」同。此不書月者，案桓四年「春，正月，公狩于郎」，狩，冬事也，周之「春」，間夏之「冬」，嫌或適時得禮，故謹月以見否。此在「春」言「蒐」，蒐，秋事也，周之「春」、「夏」，與夏之「秋」，則相去絶遠，可明知其非時失禮矣，故不待書月以顯。

【經】夏，四月，乙丑，天王崩。

【經】六月，叔鞅如京師，葬景王。

【集解】叔鞅，叔弓子。天子志崩，不志葬。志葬，危不得以禮葬也。月者，亦爲「葬景王」起。

【經】王室亂。

【傳】「亂」之爲言，事未有所成也。

【集解】尹氏立子朝，劉氏、單氏立王猛，俱未〔一〕定也。

【補注】「事未有所成」者，謂「亂」之爲言，直亂也，終未成也。

【經】劉子、單子以王猛居于皇。

【集解】皇，地。

【補注】皇，周地。

【傳】「以」者，不以者也。「王猛」，嫌也。

【集解】直言「王猛」，不言「王子」，是有當國之嫌。

〔一〕「未」，原誤作「夫」，據鍾本改。

【補注】以王氏，如以國氏，皆嫌於當國之辭。

【經】秋，劉子、單子以王猛入于王城。

【傳】「以」者，不以者也。「入」者，内弗受也。

【集解】猛非正也。

【經】冬，十月，王子猛卒。

【傳】此不「卒」者也。

【集解】未成君也。

其曰「卒」，失嫌也。

【集解】猛本有當國之嫌，其卒，則失嫌，故録之。

【補注】案隱四年「九月，衛人殺祝吁于濮」，莊九年「春，齊人殺無知」，傳皆曰「失嫌」，是祝吁、無知皆以見討，遂失嫌也。猛則未見討辭，故特録其「卒」，表遂失嫌爾。又祝吁、無知皆於失嫌挈稱名，此猛於失嫌不挈稱名者，以直曰「猛卒」，則嫌是内書「卒」，文所不與，故舉「王子」以别之，義與二十三年稱「王子朝」同。

【經】十有二月，癸酉，朔，日有食之。

【經】二十有三年，春王，正月，叔孫婼如晉。

【經】癸丑，叔鞅卒。

【經】晉人執我行人叔孫婼。

【經】晉人圍郊。

【集解】郊，周邑也。

【補注】以「圍」言者，大宗周之邑也。「郊」不繫「周」者，諱不與有敵之加諸宗周也。

【經】夏，六月，蔡侯東國卒于楚。

【集解】不日，在外也。以罪出奔，又奔讎國，故不「葬」。

【補注】蔡侯東國既言「卒于楚」，則在外亦已顯，而不若許男甯書日者，蓋見非正也。以非正而在外，故不日。

【經】秋，七月，莒子庚輿來奔。

【補注】此不若文十二年郕伯不名者，以非同姓，故從常文也。哀十年「春王，二月，邾子益來奔」亦如是。

【經】戊辰，吴敗頓、胡、沈、蔡、陳、許之師于雞甫，

【集解】雞甫，楚地。

胡子髡、沈子盈滅。

【集解】國雖存，君死曰「滅」。

【補注】頓、胡、沈序蔡上者，君將故也。

【傳】中國不言「敗」。此其言「敗」，何也？

【集解】據宣十二年「晉荀林父及楚子戰于邲，晉師敗績」不言「楚敗晉師」。

中國不「敗」，胡子髡、沈子盈其滅乎？其言「敗」，釋其「滅」也。

【集解】若師不敗，則君無由滅也。賢胡、沈之君死社稷。

【補注】此見胡子髡、沈子盈皆中國之君也。

【經】獲陳夏齧。

【補注】此接上經「胡子髡、沈子盈滅」。

【傳】「獲」者，非與之辭也。

【集解】賢夏齧，雖獲，不病，以其得衆也。義與華元同。

上下之稱也。

【集解】君死曰「滅」，臣得曰「獲」，君臣之稱。

【經】天王居于狄泉。

【集解】敬王辟子朝。狄泉，周地。

【傳】始「王」也。

【補注】猛卒乃立，故曰「始王」。

其曰「天王」，因其居而「王」之也。

【集解】天子踰年即位稱「王」。敬王踰年而出，故曰「始王」。雖不在國行即位之禮，王者以天下爲家，故居于狄泉稱「王」。

【經】尹氏立王子朝。

【集解】隱四年「衛人立晉」，傳曰：「稱『人』以立，得衆也。」此言「尹氏立」，明唯尹氏欲立之。

【傳】「立」者，不宜立者也。朝之不名，何也？

【集解】據「晉之名，惡」。今朝亦惡，恠不直名，而言「王子」。

別嫌乎尹氏之朝也。

【集解】若但言「尹氏立朝」，則嫌朝是尹氏之子，故言「王子」以别之。

【補注】案隱四年「衛人立晉」，不别者，以前既稱「衛」，則不嫌不别，故得直名以見不正也。

【經】八月，乙未，地震。

【補注】劉向以爲，是時周景王崩，劉、單立王子猛，尹氏立子朝。其後季氏逐昭公，黑肱叛邾，吴殺其君僚，宋五大夫、晉二大夫皆以地叛。

【經】冬，公如晉，至河，公有疾，乃復。

【傳】疾，不志。此其志，何也？釋不得入乎晉也。

【補注】義詳二年。

【經】二十有四年，春王，二月，丙戌，仲孫貜卒。

【經】婼至自晉。

【傳】大夫執，則致。致，則挈。由上致之也。

【集解】上，謂宗廟也。致臣于廟，則直名而已，所謂君前臣名。

【經】夏，五月，乙未，朔，日有食之。

【經】秋，八月，大雩。

【經】丁酉，杞伯郁釐卒。

【經】冬，吴滅巢。

【經】葬杞平公。

【經】二十有五年，春，叔孫婼如宋。

【經】夏，叔倪會晉趙鞅、宋樂大心、衛北宫喜、鄭游吉、曹人、邾人、滕人、薛人、小邾人于黄父。

【補注】黄父，即宣七年黑壤。

【經】有鸜鵒來巢。

【傳】一有一亡曰「有」。「來」者，來中國也。

【集解】鸜鵒不渡濟，非中國之禽，故曰「來」。

鸜鵒，穴者，而曰「巢」，

【集解】劉向曰：「去穴而巢，此陰居陽位，臣逐君之象也。」

【補注】鑿地曰「穴」，築木曰「巢」。劉向以爲，「有蜚」、「有蜮」不言「來」者，氣所生，所謂「眚」也。鸜鵒言「來」者，氣所致，所謂「祥」也。鸜鵒，夷狄穴藏之禽，來至中國，不穴而巢，陰居陽位，象季氏將逐昭公，去宮室而居外野也。鸜鵒，白羽，旱之祥也。穴居而好水，黑色，爲主急之應也。昭不寤，而舉兵圍季氏，爲季氏所敗，出奔於齊，遂死於外野。

或曰，增之也。

【集解】如增言「巢」爾，其實不巢也。雍曰：「凡春秋記災異，未有妄加之文，或説非也。」

【經】秋，七月，上辛，大雩。季辛，又雩。

【補注】上辛，謂月上旬之辛日。季辛，下辛也，謂月下旬之辛日。兩書日者，以其非月而再雩，故謹而志之也。

【傳】「季」者，有中之辭也。

【集解】不言「中辛」，中辛無事。

「又」，有繼之辭也。

【集解】緣有「上辛，大雩」，故言「又」也。

【經】九月，乙亥，公孫于齊。

【補注】内事詳録，故日之，不與外諸侯奔月同。

【傳】「孫」之爲言，猶「孫」也，諱「奔」也。

【經】次于陽州。

【傳】次，止也。

【集解】陽州，齊竟上之地。未敢直前，故止竟也。

【經】齊侯唁公于野井。

【集解】野井，齊地。齊侯來唁公，公逆之，至野井。

【傳】弔失國曰「唁」。

【補注】諸侯失國，同盟有相弔禮。弔，慰也。

唁公不得入於魯也。

【經】冬，十月，戊辰，叔孫婼卒。

【經】十有一月，己亥，宋公佐卒于曲棘。

【集解】曲棘，宋地。

【傳】邡公也。

【集解】邡，當爲「訪」。訪，謀也。言宋公所以卒于曲棘者，欲謀納公。

【補注】昭公避季氏，居於外，宋元公爲昭公求入魯，至曲棘而卒。

【經】十有二月，齊侯取鄆。

【集解】取鄆以居公。

【補注】鄆再叛不服，不能自取，假齊乃取，故謹而月之。

【傳】「取」，易辭也。内不言「取」。以其爲公取之，故易言之也。

【補注】一邑兩叛，假齊乃取，既見其難矣，故不復言「圍」，而易之言「取」，所以爲公殺恥也。

【經】二十有六年，春王，正月，葬宋元公。

【經】三月，公至自齊，居于鄆。

【傳】公次于陽州，其曰「至自齊」，何也？

【集解】據公但至陽州，未至齊。

【集解】「齊侯唁公于〔一〕野井」，以親見齊侯爲重，故可言「至自齊」。以齊侯之見公，可以言至自齊也。

【集解】若但言「公至自齊」，而不言「居于鄆」，則公得歸國。欲明公實在外，故言「居于鄆」。

「居于鄆」者，公在外也。

【補注】鄆，是魯邑，而傳曰「在外」者，以不在國都故。國都者，宗廟之所在也。

「至自齊」，道義不外公也。

【集解】「至自齊」者，臣子喜君父得反，致宗廟之辭爾。今君雖在外，猶以在國之禮録之，是崇君之道。

【補注】春秋之義，君雖奔在外，猶存之若内。成十二年傳曰：「上雖失之，下孰敢有

〔一〕原本「唁」誤作「言」，「于」誤作「子」，據鍾本改。案二十五年經作「齊侯唁公于野井」。

之？」雖言天子事，義亦得通於諸侯也。

【經】夏，公圍成。

【集解】成，孟氏邑。

【傳】非國，不言「圍」。所以言「圍」者，以大公也。

【集解】崇大其事。

【補注】義詳定十二年。

【經】秋，公會齊侯、莒子、邾子、杞伯盟于鄟陵。

【集解】鄟陵，某地。

【補注】蓋魯取鄟，遂稱其舊地爲「鄟陵」。

【經】公至自會，居于鄆。

【傳】公在外也。「至自會」，道義不外公也。

【經】九月，庚申，楚子居卒。

【經】冬，十月，天王入于成周。

【傳】周有「入」無「出」也。

【集解】始即位，非其所。今得還復，據宗廟是内，故可言「入」。若即位在廟，則王者無外，不言「出」。

【經】尹氏、召伯、毛伯以王子朝奔楚。

【傳】遠矣，非也。

【集解】雍曰：「奔篡君之賊，其責遠矣。」

【補注】遠，猶「多」也。非，猶「責」也。猛、朝爭篡天下，敬王辟於狄泉。敬王既入，尹氏、召伯、毛伯遂以朝奔楚。於猛、朝之篡，臣子不能討，諸侯莫能誅，任其奔楚，故所當責者多也。

奔，直奔也。

【補注】案僖二十四年於襄王奔鄭曰「居」，此直曰「奔」者，周既有「入」無「出」，又義不與朝爲王，故直曰「奔」，見不以朝亂王道也。

【經】二十有七年，春，公如齊。

【集解】自鄆行。

【經】公至自齊，居于鄆。

【傳】公在外也。

【經】夏，四月，吴弑其君僚。

【補注】吴公子光弑之也。吴，夷狄之國，故略不書日。

【經】楚殺其大夫郤宛。

【經】秋，晉士鞅、宋樂祁犂、衛北宮喜、曹人、邾人、滕人會于扈。

【經】冬，十月，曹伯午卒。

【經】邾快來奔。

【集解】徐邈曰：「自此已前，邾畀我、庶其並來奔，今邾快又至，三叛之人，俱以魯爲主。邾、魯鄰國，而聚其逋逃，爲過之甚，故悉書之，以示譏也。小國無大夫，故但舉名而略其氏。」

【經】公如齊。

【經】公至自齊，居于鄆。

【經】二十有八年，春王三月，葬曹〔一〕悼公。

【經】公如晉，次于乾侯。

【集解】不得入于晉。乾侯，晉地。

【傳】公在外也。

【經】夏，四月，丙戌，鄭伯寧卒。

【經】六月，葬鄭定公。

【經】秋，七月，癸巳，滕子寧卒。

【經】冬，葬滕悼公。

【經】二十有九年，春，公至自乾侯，居于鄆。

【集解】以「乾侯」致，不得見晉侯故。

〔一〕「曹」，原誤作「魯」，據石經本改。

【經】齊侯使高張來唁公。

【傳】唁公不得入於魯也。

【經】公如晉，次于乾侯。

【經】夏，四月，庚子，叔倪卒。

【傳】季孫意如曰：「叔倪無病而死，此皆無公也，是天命也，非我罪也。」

【集解】言叔倪欲納公，無病而死，此皆天命使魯無君爾。魯公之出，非我罪。

【補注】是季氏爲脱罪之辭。言二十五年宋公佐爲昭公如晉，卒於曲棘。今叔倪求納昭公，又無疾而死。此皆是天使魯無君，非己之罪也。太常先生曰：「雖天罪之，爲臣者當身爲攘之，豈幸之乎？」

【經】秋，七月。

【經】冬，十月，鄆潰。

【傳】「潰」之爲言，上下不相得也。上下不相得，則惡矣，亦譏公也。

【集解】公既出奔，不能改德脩行，居鄆小邑，復使潰亂，德之不建，如此之甚。昭公出奔，民如釋重負。

【集解】傳明昭公有過，非但季氏之罪。

【經】三十年，春王，正月，公在乾侯。

【傳】中國不存公，存公故也。

【集解】中國，猶「國中」也。

【補注】鄆之既潰，而公復出，未言出地，爲志公之所在，故曰「公在乾侯」，亦不外公之義也。

【經】夏，六月，庚辰，晉侯去疾卒。

【經】秋，八月，葬晉頃公。

【經】冬，十有二月，吴滅徐。

【集解】滅夷狄，時。月者，爲下「奔」起。

【經】徐子章羽奔楚。

【集解】奔而名者，有罪，惡也。

【補注】出奔稱名，義詳莊十年。

【經】三十有一年，春王，正月，公在乾侯。

【經】季孫意如會晉荀櫟于適歷。

【集解】適歷，晉地。

【經】夏，四月，丁巳，薛伯穀卒。

【經】晉侯使荀櫟唁公于乾侯。

【傳】唁公不得入於魯也。曰：「既爲君言之矣，不可者，意如也。」

【集解】言已已告魯，求納君，唯意如不肯。

【經】秋，葬薛獻公。

【經】冬，黑肱以濫來奔。

【傳】其不言「邾黑肱」，何也？

【集解】據襄二十一年「邾庶其以漆、閭丘來奔」言「邾」。

別乎邾也。

【集解】邾以濫邑封黑肱，故別之若國。

其不言「濫子」，何也？

【集解】據既别之爲國，則應書其爵。

非天子所封也。「來奔」，内不言「叛」也。

【經】十有二月，辛亥，朔，日有食之。

【經】三十有二年，春王，正月，公在乾侯。

【經】取闞。

【補注】公别居乾侯，遣人誘闞而取之。

【經】夏，吴伐越。

【經】秋，七月。

【經】冬，仲孫何忌會晉韓不信、齊高張、宋仲幾、衛太叔申、鄭國參、曹人、莒人、邾人、薛人、杞人、小邾人城成周。

【補注】杜預云：「子朝之亂，其餘黨多在王城，敬王畏之，徙都成周。」又城之者，成周狹小故也。

【傳】天子微，諸侯不享覲。

【集解】享，獻也。覲，見也。言天子微弱，四方諸侯不復貢獻，又無朝覲之禮。

天子之在者，惟祭與號。

【集解】祭，謂郊上帝。號，謂稱「王」。

【補注】傳言天子所唯存者，見其失政甚，不能自守也。孔子曰：「故政者，君之所以藏身也。是故夫政必本於天，殽以降命。命降於社之謂殽地，降於祖廟之謂仁義，降於山川之謂興作，降於五祀之謂制度。此聖人所以藏身之固也。」

故諸侯之大夫相帥以城之，此變之正也。

【補注】其言大夫城，亦見諸侯之失政，政在大夫也。大夫專以相帥，用城成周，雖禮不正，然能同恤尊王，致力京師，義則正也。案襄二十九年城杞，是大夫同爲諸侯城；此城成周，是大夫同爲天子城，皆禮所不與，而義所權與也。

【經】十有二月，己未，公薨于乾侯。

卷十九

定公

【補注】定公名宋，襄公之子，昭公之弟，以周敬王十一年即位。案謚法，安民大慮曰「定」。

【經】元年，春王。

【傳】不言「正月」，定無正也。定之無正，何也？昭公之終，非正終也。

【集解】死在外故。

【補注】昭公見逐，至死，不得入國。

定之始，非正始也。昭無正終，故定無正始。不言「即位」，喪在外也。

【補注】喪猶在外，未殯，不得行即位。

【經】三月，晉人執宋仲幾于京師。

【集解】晉執人於尊者之側，而不以歸京師，故但言其「執」，不書所歸。徐邈曰：「案傳，定元年不書『正月』，言『定無正也』，然則改元即位在于此年，故不可以不書『王』。書『王』，必有月以承之，故因其執月以表年首爾，不以謹仲幾也。」

【傳】此其大夫，其曰「人」，何也？微之也。何爲微之？不正其執人於尊者之所也，不與大夫之伯討也。

【補注】伯討者，諸侯事也。大夫而行諸侯事，非禮也。范君答薄氏駁云：「晉城成周，宋不即役，晉爲監功之主，因而執之。」

【經】夏，六月，癸亥，公之喪至自乾侯。

【經】戊辰，公即位。

【傳】殯，然後即位也。

【集解】周人殯于西階之上。

定無「正」，

【補注】謂不言「正月」。

見無以正也。踰年，不言「即位」，是有故公也。

【集解】謂昭公在外故。

言「即位」，是無故公也。即位，授受之道也。

【集解】先君見授，後君乃受，故須棺在殯，乃言「即位」。

先君無正終，則後君無正始也。先君有正終，則後君有正始也。「戊辰，公即位」，謹之也。定之「即位」，不可不察也。

【補注】定公之「即位」，異於常者。欲言有故，則昭非見弑。欲言無故，則昭非正終。六月，戊辰，乃言「即位」，是有故、無故並顯之也。比之餘公，「即位」雖同，時義則别，故曰「不可不察也」。

「公即位」，何以日也？

【集解】據未有日者。

戊辰之日，然後即位也。「癸亥，公之喪至自乾侯」，何爲戊辰之日，然後即位也？

【集解】癸亥去戊辰六日，怪不即位。

正君乎國，然後即位也。

【集解】諸侯五日而殯，今以君始死之禮治之，故須殯，而後言「即位」。

沈子曰：「正棺乎兩楹之間，然後即位也。」

【集解】兩楹之間，南面之君聽治之處。

内之大事，日。即位，君之大事也，其不日，何也？以年決者，不以日決也。

【補注】即位稱「元年」者，所以決新君之始年必在月正上日。是天地之大法，古今所不易，無用待日以決也。

此則其日，何也？著之也。

【集解】欲有所見。

何著焉？踰年即位，厲也。

【集解】厲，危也。公喪在外，踰年六月乃得即位，危，故日之。

於厲之中，又有義焉。

【集解】先君未殯，則後君不得即位。

未殯，雖有天子之命，猶不敢，況臨諸臣乎？

【集解】以輕喻重也。雖爲天子所召，不敢背殯而往，況君喪未殯，而行即位之禮，以臨諸臣乎？

周人有喪，魯人有喪，周人弔，魯人不弔。周人曰：「固吾臣也，使人，可也。」魯人曰：「吾君也，親之者也，使大夫，則不可也。」故周人弔，魯人不弔。以其下成、康爲未久也。

【集解】周道尚明，無愧于不往。

【補注】禮，諸侯於天子之喪，必親弔之。若天子、諸侯並有喪，周則遣使往弔，可矣；諸侯不得遣使，故不弔。

君，至尊也。

【補注】謂天王。

去父之殯而往弔，猶不敢，況未殯而臨諸臣乎？

【經】秋，七月，癸巳，葬我君昭公。

【經】九月，大雩。

【傳】雩，月，雩之正也。秋，大雩，非正也。

【補注】「秋，大雩」，謂周七月雩也。周七月，建午之月，其時則尚早。

冬，大雩，非正也。秋，大雩，雩之爲非正，何也？

【集解】冬，禾稼既成，猶雩，則非禮可知。秋，禾稼始苗，嫌當須雨，故問也。

毛澤未盡，人力未竭，未可以雩也。

【集解】邵曰：「凡地之所生謂之『毛』。」公羊傳曰「錫之不毛之地」是也。言秋，百穀之潤澤未盡也。人力未盡，謂耕耘之功未畢。

雩，月，雩之正也。月之爲雩之正，何也？其時窮，人力盡，然後雩，雩之正也。何謂「其時窮，人力盡」？是月不雨，則無及矣。

【補注】周八月、九月，建未、建申之月也。過此二月，則雨水將窮，若其不雨，亦將無可待矣。

是年不艾，則無食矣。

【補注】一年不艾，則國雖有備，亦將爲民憂矣。

是謂「其時窮，人力盡」也。雩之，必待其時窮，人力盡，何也？「雩」者，爲旱求者也。「求」者，請也。古之人重請。何重乎請？人之所以爲人者，讓也。

【補注】禽獸無禮，其道相爭也。人而有禮，其道相讓也。

請道去讓也，

【補注】請，求也。不得故求，失讓道也。

則是舍其所以爲人也，是以重之。焉請哉？請乎應上公。

【補注】應，謂感應。上公，謂古之百辟卿士，若句龍、柱、棄等。生時立功，有益於人，故死祀爲貴神。「請乎應上公」者，謂禱請乎上公，欲感應其神，以致雨也。禮，天子之雩，於上帝。諸侯以下，於上公。

古之神人有應上公者，通乎陰陽，君親帥諸大夫道之而以請焉。

【集解】「道之」，謂君必爲先也。其禱辭曰：「方今大旱，野無生稼，寡人當死，百姓何謗？不敢煩民請命，願撫萬民，以身塞無狀。」禱，亦「請」也。此即「請」辭也。

【補注】傳曰「古之神人」，謂上古巫祝之屬，以神仕者。在周，則謂之「司巫」。周禮：「司巫，掌群巫之政令，若國大旱，則帥巫而舞雩。」又云：「凡以神仕者，掌三辰之法，以猶鬼神示之居，辨其名物。以冬日至致天神人鬼，以夏日至致地示物鬽，以禬國之兇荒，民之札喪。」案左傳僖二十一年，夏，大旱，公欲焚巫尪，即爲其舞雩不應，不得雨故爾。鄭玄云：「國語曰：『古者，民之精爽不攜貳者，而又能齊肅中正，其知能上下比義，其聖能光遠宣朗，其明能光照之，其聰能聽徹之，如是，則神明降之。在男曰「覡」，在女曰「巫」，是之使制神之處位次主，而爲之牲器時服。』巫既知神如此，又能居以天法，是以聖人用之。今之巫祝，既闇其義，何明之見？何法之行？正神不降，或於淫厲，苟貪貨食，遂誣人神，令此道滅，痛矣。」「道之」之言，猶「從之」也。

夫「請」者，非可詒託而往也，必親之者也，是以重之。

【集解】詒託，猶「假寄」。

【補注】假借爲「詒」，寄付爲「託」。若夫「請」者，詒則矯，託則怠，故必親往，所欲奉誠而致恭也，君子其尤當須慎，是以重之。

【經】立煬宮。

【集解】煬宮，伯禽子廟，毁已久。

【傳】「立」者，不宜立者也。

【經】冬，十月，隕霜，殺菽。

【集解】建酉之月，隕霜，殺菽，非常之災。

【補注】劉向以爲，周十月，今八月也。消卦爲「觀」，陰氣未至君位而殺，誅罰不由君出，在臣下之象也。是時季氏逐昭公，公死於外，定公得立，故天見災以視公也。僖公二年「隕霜，不殺草」，爲嗣君微，失秉事之象也。其後卒在臣下，則災爲之生矣。

【傳】未可以殺而殺，舉重。

【集解】舉殺豆，則殺草可知。

可殺而不殺，舉輕。

【集解】不殺草，則不殺菽亦顯，僖三十三年「隕霜，不殺草」是也。

其曰「菽」，舉重也。

【經】二年，春王，正月。

【經】夏，五月，壬辰，雉門及兩觀災。

【集解】雉門，公宮之南門。兩觀，闕也。

【補注】劉向以爲，此皆奢僭過度者也。禮，天子之宮五門，外曰「臯門」，二曰「庫門」，三曰「雉門」，四曰「應門」，五曰「路門」。雉門爲中門，其兩旁設觀。觀以懸國治法，使民觀焉，故謂之「觀」。又謂之「闕」，「闕」者，去也，仰視治象，闕去疑事也。若諸侯之宮則三門，無庫門、雉門。魯以周公故，成王特褒之，得有庫、雉，又加路門，亦爲三門，但魯於雉門不合設觀爾。太常先生曰：「本章何注：『雉門、兩觀，皆天子之制。』范武子序曰：『故兩觀表而臣禮亡，朱干設而君權喪，下陵上替，僭逼理極。』案此出公羊昭二十五年，子家駒言。雉門之僭，或自明堂位：『庫門，天子臯門。雉門，天子應門。』案彼謂天子爲周公特賜，必以爲僭，則郊天亦特賜也。當曰魯有雉門，特賜也，制不過天子應門。今設兩觀則僭矣云云。」

【傳】其不曰「雉門災及兩觀」，何也？

【集解】據先書「雉門」，則應言「雉門災及兩觀」。鄭嗣曰：「據災實從雉門起，應言『雉門災及兩觀』。」

災自兩觀始也，不以尊者親「災」也。

【集解】始災者，兩觀也。鄭嗣曰：「今以『災』在『兩觀』下，使若兩觀始災者，不以雉門親『災』。」

【補注】親，猶「近」也。

先言「雉門」，尊尊也。

【集解】欲言「兩觀災及雉門」，則卑不可以「及」尊。災不從雉門起，故不得言「雉門災及兩觀」。兩觀始災，故「災」在「兩觀」下也。鄭嗣曰：「欲以兩觀親『災』，則經宜言『兩觀災及雉門』。雉門尊，兩觀卑，卑不可以『及』尊，故不得不先言『雉門』，而後言『兩觀』。欲令兩觀始災，故『災』在『兩觀』下矣。」

【經】秋，楚人伐吴。

【經】冬，十月，新作雉門及兩觀。

【傳】言「新」，有舊也。作，爲也。有加其度也。

【補注】下「有」，同「又」。

此不正，其以尊者親之，何也？

【集解】不正，謂更廣大之，不合法度也。據當諱，而以「雉門」親「新作」之下。

雖不正也，於美，猶可也。

【集解】改舊，雖不合正，脩飾美好之事，差可以「雉門」親之。

【經】三年，春王，正月，公如晉，至河乃復。

【經】三月，辛卯，邾子穿卒。

【經】夏，四月。

【經】秋，葬邾莊公。

【經】冬，仲孫何忌及邾子盟于拔。

【集解】拔，地名。

【補注】拔，魯地。

【經】四年，春王二月，癸巳，陳侯吳卒。

【經】三月，公會劉子、晉侯、宋公、蔡侯、衛侯、陳子、鄭伯、許男、曹伯、莒子、邾子、頓子、胡子、滕子、薛伯、杞伯、小邾子、齊國夏于召陵，侵楚。

【補注】地而後伐，疑辭也。下范君曰「公畏彊楚，疑於侵之」是。

【經】夏，四月，庚辰，蔡公孫姓帥師滅沈，以沈子嘉歸，殺之。

【經】五月，公及諸侯盟于皋鼬。

【集解】召陵會劉子、諸侯，總言之也。皋鼬，地名。

【補注】皋鼬，鄭地。

【傳】後而再會，公志於後會也。後，志疑也。

【集解】公畏彊楚，疑於侵之，故復者，更謀也。不日者，後楚伐蔡，不能救故。

【補注】案下公以會致，亦知公之疑於侵楚而志於後會也。與成十七年秋曰「公至自會」，不以伐鄭至同。

【經】杞伯成卒于會。

【經】六月，葬陳惠公。

【經】許遷于容城。

【補注】容城，楚地。

【經】秋，七月，公至自會。

【經】劉卷卒。

【集解】劉，采地。

【補注】劉子也。寰内諸侯，不世，故不稱爵以「卒」。

【傳】此不「卒」而「卒」者，賢之也。寰内諸侯也，非列土諸侯，此何以「卒」也？

【集解】天子畿内大夫，有采地者，謂之「寰内諸侯」。非列土之諸侯，雖賢，猶不當「卒」。

天王崩，爲諸侯主也。

【集解】昭二十二年景王崩，嘗以賓主之禮相接，而能爲諸侯主，所以爲賢。

【經】葬杞悼公。

【經】楚人圍蔡。

【經】晉士鞅、衛孔圉帥師伐鮮虞。

【經】葬劉文公。

【補注】「葬」之者，或以魯會葬，或以爲諸侯主故也。

【經】冬，十有一月，庚午，蔡侯以吴子及楚人戰于伯舉，楚師敗績。

【補注】伯舉，楚地也。楚主吴客，楚大吴小，其以吴「及」楚者，爲蔡是中國，因蔡侯之以之，故從蔡「及」之也。

【傳】吴其稱「子」，何也？以蔡侯之以之，舉其貴者也。

【集解】貴，謂「子」也。

蔡侯之以之，則其舉貴者，何也？吴信中國，而攘夷狄，吴進矣。其信中國，而攘夷狄，奈何？子胥父，誅于楚也，

【集解】子胥父，伍奢也。爲楚平王所殺。

挾弓持矢，而干闔廬。

【集解】見不以禮曰「干」。欲因闔廬復父之讎。

闔廬曰：「大之甚！勇之甚！」

【集解】子胥，匹夫，乃欲復讎於國君，其孝甚大，其心甚勇。

爲是欲興師而伐楚。子胥諫曰：「臣聞之，君不爲匹夫興師。且事君，猶事父也。虧君之義，復父之讎，臣弗爲也。」於是止。蔡昭公朝於楚，有美裘。正是日，囊瓦求之，

【集解】正是日，謂昭公始朝楚之日。

昭公不與，爲是，拘昭公於南郢。

【集解】南郢，楚都〔一〕。

數年，然後得歸。歸，乃用事乎漢。

【集解】「用事」者，禱漢水神。

【補注】漢水，在楚之北，蔡之南。蔡侯既得歸，返至漢水，於是禱焉。

曰：「苟諸侯有欲伐楚者，寡人請爲前列焉。」楚人聞之而怒，爲是興師而伐蔡。蔡請救于吴，子胥曰：「蔡非有罪，楚無道也。君若有憂中國之心，則若此時，可矣。」爲是興師而伐楚。何以不言「救」也？

【集解】據實救蔡。

救，大也。

【集解】夷狄漸進，未同於中國。

【補注】案僖十八年「狄救齊」，雖善狄，而猶未稱「狄人」，以許夷狄者不一而足，不使遽備故也。今吴既進之稱「子」，若復書言「救」，則直與中國等跡，嫌進之太速，故不遂其又

〔一〕「都」，原誤作「郡」，據鍾本改。

言「救」也。

【經】楚囊瓦出奔鄭。

【集解】知見伐由己，故懼而出奔。

【經】庚辰，吴入楚。

【傳】曰「入」，易無楚也。「易無楚」者，壞宗廟，徙陳器，撻平王之墓。

【集解】鄭嗣曰：「陳器，樂縣也。禮，諸侯軒縣。」言吴人壞楚宗廟，徙其樂器，鞭其君之尸，楚無能亢御之者，若曰「無人」也。

何以不言「滅」也？

【集解】據宗廟既毁，樂器已徙，則是滅也。

欲存楚也。其欲存楚，奈何？昭王之軍敗而逃，父老送之。曰：「寡人不肖，亡先君之邑。父老反矣，何憂無君？寡人且用此入海矣。」父老曰：「有君如此其賢也。以衆，不如吴。以必死，不如楚。」

【集解】雍曰：「吴勝而驕，楚敗而奮。」

相與擊之，一夜而三敗吴人，復立。

【集解】楚復立也。

何以謂之「吴」也？

【集解】據戰稱「子」。

狄之也。何謂「狄之」也？君居其君之寢，而妻其君之妻。大夫居其大夫之寢，而妻其大夫之妻。蓋有欲妻楚王之母者。

【補注】有，同「又」。楚王之母，伯嬴也。伯嬴者，秦哀公之女，楚平王夫人，昭王之母也。言闔廬又欲妻昭王之母。案列女傳，伯舉之戰，吴勝楚，遂入至郢，昭王出亡。吴王闔廬盡妻其後宮，次至伯嬴。伯嬴持刃曰：「妾聞天子者，天下之表也。公侯者，一國之儀也。天子失制則天下亂，諸侯失節則其國危。夫婦之道，固人倫之始，王教之端。是以明王之制，使男女不親授，坐不同席，食不共器，殊椸枷，異巾櫛，所以别之也。若諸侯外淫者絶，卿大夫外淫者放，士庶人外淫者宫割。夫然者，以爲仁失可復以義，義失可復以禮。男女之喪，亂無興焉。夫造亂亡之端，公侯之所絶，天子之所誅也。今君王棄儀表之行，縱亂亡之欲，犯誅絶之事，何以行令訓民？且妾聞生而辱，不若死而榮。若使君王棄其儀表，則無以臨國。妾有淫端，則無以生世。一舉而兩辱，妾以死守之，不敢承命。且凡所欲妾者，爲樂也。近妾而死，何樂之有？如先殺妾，又何益於君王？」於是吴王慚，遂退舍。

不正乘敗人之績，而深爲利，居人之國，故反其狄道也。

【經】五年，春王，三月，辛亥，朔，日有食之。

【經】夏，歸粟于蔡。

【集解】蔡侯比年在楚，又爲楚所伐，饑，故諸侯歸之粟。

【傳】諸侯無粟，諸侯相歸粟，正也。孰歸之？諸侯也。不言歸之者，專辭也。義邇也。

【集解】不言歸之者，主名若獨是魯也。

【集解】言此是邇近之事，故不足具列諸侯。

【補注】此是諸侯同義之舉，而春秋比諸内事者，主善以内故也。

【經】於越入吴。

【集解】舊説「於越」，夷言也。春秋即其所以自稱者書之，見其不能慕中國，故以本俗名自通。

【經】六月，丙申，季孫意如卒。

【集解】傳例曰，大夫不日「卒」，惡也。意如逐昭公，而日「卒」者，明定之得立，由乎意如。春秋因定之不惡，而書日以示譏。亦猶公子翬非桓之罪人，故於桓不貶。

【經】秋，七月，壬子，叔孫不敢卒。

【經】冬，晉士鞅帥師圍鮮虞。

【經】六年，春王，正月，癸亥，鄭游速〔一〕帥師滅許，以許男斯歸。

【補注】許，姜姓，伯夷之後，武王封其苗裔文叔於許。中國也，故日。

【經】二月，公侵鄭。

【經】公至自侵鄭。

【經】夏，季孫斯、仲孫何忌如晉。

〔一〕原本「游」下脱「速」字，據鍾本補。

【集解】仲孫忌，而曰「仲孫何忌」，甯所未詳。公羊傳曰：「譏二名。」

【補注】案穀梁，經皆作「仲孫何忌」，獨下「季孫斯、仲孫忌帥師圍鄆」作「仲孫忌」。公羊云：「此仲孫何忌也。曷爲謂之『仲孫忌』？譏二名。二名，非禮也。」又公羊哀七年經「晉魏曼多帥師侵衛」，十三年經「晉魏多帥師侵衛」，傳亦云：「此晉魏曼多也，何爲謂之『晉魏多』？譏二名。二名，非禮也。」今考穀梁，哀七年、十三年經皆作「魏曼多」，不作「魏多」，則公羊之作「魏多」，穀梁之作「仲孫忌」，蓋傳寫誤爾，云「譏二名」者，非。

【經】秋，晉人執宋行人樂祁犂。

【經】冬，城中城。

【傳】「城中城」者，三家張也。

【集解】大夫稱家。三家，仲孫、叔孫、季孫也。三家侈張，故公懼而脩内城。譏公不務德政，恃城以自固。

或曰，非外民也。

【經】季孫斯、仲孫忌帥師圍鄆。

【經】七年，春王，正月。

【經】夏，四月。

【經】秋，齊侯、鄭伯盟于鹹。

【補注】外盟，不日。此「盟于鹹」，下「盟于沙」，八年「盟于曲濮」，又並不月者，蓋皆諸侯叛晉事，惡之甚，故亦略之甚也。

【經】齊人執衛行人北宫結以侵衛。

【傳】「以」，重辭也。衛人重北宫結。

【集解】齊以衛重結故，執以侵之，若楚「執宋公以伐宋」。凡言「以」，皆非所宜以。

【經】齊侯、衛侯盟于沙。

【集解】沙，地。

【補注】沙，衛地。

【經】大雩。

【經】齊國夏帥師伐我西鄙。

【經】秋，九月，大雩。

【經】冬，十月。

【經】八年，春王，正月，公侵齊。

【經】公至自侵齊。

【經】二月，公侵齊。

【集解】未得志故。

【經】三月，公至自侵齊。

【傳】公如，往時，致月，危致也。往月，致時，危往也。往月，致月，惡之也。

【補注】「惡之也」者，惡魯之不義，兩侵齊也。此再發往月、致月之别例也。案莊二十三年，傳於例曰「有懼焉」者，以危自外來也。此曰「惡之也」者，以危自内出也。凡安危之數，皆繫於義者也。義，則安。不義，則危。其危自外來者，是人之不義，嫌將害我，故君子懼之，所以備身也。其危自内出者，是我之不義，嫌將害人，故君子惡之，所以正己也。雖或外、内不同，「懼」、「惡」相差，而皆肇不義，則一也。

【經】曹伯露卒。

【經】夏，齊國夏帥師伐我西鄙。

【經】公會晉師于瓦。

【集解】瓦，衛地也。

【經】公至自瓦。

【經】秋，七月，戊辰，陳侯柳卒。

【經】晉士鞅帥師侵鄭，遂侵衛。

【補注】此言「遂」，義與襄十二年「季孫宿帥師救郃，遂入鄆」言「遂」同。

【經】葬曹靖公。

【經】九月，葬陳懷公。

【經】季孫斯、仲孫何忌帥師侵衛。

【經】冬，衛侯、鄭伯盟于曲濮。

【集解】曲濮，衛地。

【經】從祀先公。

【補注】從，順。先公，謂閔公、僖公也。順正二公位次以祀也。

【傳】貴復正也。

【集解】文公逆祀，今還順。

【經】盜竊寶玉、大弓。

【補注】陽虎竊之也。案左傳，陽虎劫公與武叔以伐孟氏。公斂處父帥成人自上東門入，與陽氏戰於南門之内，弗勝，又戰於棘下，陽氏敗。陽虎乃脱甲如公宫，取寶玉、大弓以出，入於讙、陽關以叛。

【傳】「寶玉」者，封圭也。

【集解】始封之圭。

【補注】諸侯之始受封，天子所賜圭璧，謂之「封圭」。公以桓圭，侯以信圭，伯以躬圭，子以穀璧，男以蒲璧，皆各執爲王者瑞信也。

「大弓」者，武王之戎弓也。

【集解】是武王征伐之弓。

周公受賜，藏之魯。

【集解】周公受賜於周，藏之魯者，欲世世子孫無忘周德也。

非其所以與人而與人，謂之「亡」。

【集解】亡，失也。

非其所取而取之，謂之「盜」。

【經】九年，春王，正月。

【經】夏，四月，戊申，鄭伯蠆卒。

【經】得寶玉、大弓。

【集解】杜預曰：「弓，王國之分器也。得之，足以爲榮；失之，足以爲辱，故重而書之。」

【傳】其不地，何也？寶玉，大弓，在家則羞。不目，羞也。

【集解】國之大寶，在家則羞也，況陪臣專之乎？恥甚而不目其地。

【補注】大夫所封邑曰「家」。在家，謂大夫專之。禮，凡國之寶器，皆當藏在君廟，所以與祖共尊榮也。
惡得之？
【集解】惡，於何也。
得之堤下。
【補注】言魯自得之於堤下也。
或曰，陽虎以解衆也。
【補注】言陽虎既竊國寶器，故魯追之急，乃復歸寶器，以自解也。此亦存其兩説。左傳：「夏，陽虎歸寶玉、大弓。」
【經】六月，葬鄭獻公。
【經】秋，齊侯、衛侯次于五氏。
【集解】五氏，晉地。
【經】秦伯卒。
【經】冬，葬秦哀公。

【經】十年，春王，三月，及齊平。

【集解】平前八年再侵齊之怨。

【經】夏，公會齊侯于頰谷。

【經】公至自頰谷。

【傳】離會，不致。

【集解】雍曰：「二國會曰『離』。各是其所是，非其所非。然則所是之是，未〔一〕必是。所非之非，未必非。未必非者，不能非人之真非。未必是者，不能是人之真是。是非紛錯，則未有是。是非不同，故曰『離』。離則善惡無在。善惡無在，則不足致之于宗廟。」

何爲致也？危之也。危之，則以地致，何也？爲危之也。其危奈何？曰：頰谷之會，孔子相焉。兩君就壇，兩相相揖。

【集解】將欲行盟會之禮。

〔一〕「未」，原誤作「宋」，據鍾本改。

齊人鼓譟而起，欲以執魯君。

【集解】群呼曰「譟」。

孔子歷階而上，不盡一等，而視歸乎齊侯，

【集解】階，會壇之階。

【補注】歷階，謂從階下級至上級，左右足相過，不聚足。等，階之級也。不盡一等，謂不登階之上級。「歷階」者，危君故。「不盡一等」者，讓君故。

曰：「兩君合好，夷狄之民何爲來爲？」命司馬止之。

【集解】兩君合會，以結親好，而齊人欲執魯君，此無禮之甚，故謂之「夷狄之民」。司馬，主兵之官。使禦止之。

齊侯逡巡而謝曰：「寡人之過也。」退而屬其二三大夫曰：「夫人率其君與之行古人之道，二三子獨率我而入夷狄之俗，何爲？」

【集解】屬，語也。夫人，謂孔子也。齊人欲執魯君，是夷狄之行。

罷會，齊人使優施舞於魯君之幕下。

【集解】優，俳。施，其名也。幕，帳。欲嗤笑魯君。

【補注】爲淫樂以戲之，且將伺魯不備而劫定公。

孔子曰：「笑君者，罪當死。」使司馬行法焉，首足異門而出。

【補注】孔子既闞其危，遂先誅淫樂，齊侯懼，乃止，亦傳所謂「知者慮，義者行」也。

齊人來歸鄆、讙、龜陰之田者，蓋爲此也。

【集解】何休曰：「齊侯自頰谷歸，謂晏子曰：『寡人獲過於魯侯，如之何？』晏子曰：『君子謝過以質，小人謝過以文。齊嘗侵魯四邑，請皆還之。』」

因是以見，雖有文事，必有武備。

【補注】禮，雖嘉好之事，亦必君行師從，卿行旅從。詩云：「文武維后。」

孔子於頰谷之會見之矣。

【經】晉趙鞅帥師圍衛。

【經】齊人來歸鄆、讙、龜陰之田。

【經】叔孫州仇、仲孫何忌帥師圍郈。

【集解】郈，叔孫氏邑。

【經】秋，叔孫州仇、仲孫何忌帥師圍郈。

【經】宋樂大心出奔曹。

【經】宋公子地出奔陳。

【經】冬，齊侯、衛侯、鄭游速會于安甫。

【集解】安甫，地名。

【補注】安甫，齊地。

【經】叔孫州仇如齊。

【經】宋公之弟辰暨宋仲佗、石彄出奔陳。

【集解】辰爲佗所彊，故曰「暨」。

【經】十有一年，春，宋公之弟辰。

【傳】未失其「弟」也。

【集解】言辰未有失其爲弟之道，故書「弟」以罪宋公。

【補注】公不能制御彊臣，以撫其弟，致二卿脅辰外奔，故辰稱「弟」，見辰之不失，而有以罪宋公之失也。上言「暨」者，將明辰爲二卿所彊脅，使今此入蕭，知亦非辰之意也。下言「及」者，辨尊卑之序也。自陳之力，力由二卿。入蕭之叛，專歸仲、石矣。

【經】及仲佗、石彄、公子地。

【補注】此接上經「宋公之弟辰」。

【傳】以尊及卑也。

【經】自陳。

【補注】此接上經「公子地」。

【傳】陳有奉焉爾。

【經】入于蕭以叛。

【集解】蕭，宋邑。

【補注】此接上經「自陳」。

【傳】「入」者，内弗受也。「以」者，不以也。叛，直叛也。

【經】夏，四月。

【經】秋，宋樂大心自曹入于蕭。

【集解】入蕭，從叛人，叛可知，故不書「叛」。

【經】冬，及鄭平。

【集解】平六年侵鄭之怨。傳例曰，盟，不日者，渝盟，惡之也。取夫詳略之義，則平，不日者，亦有惡矣。蓋不能相結以信。

【經】叔還如鄭莅盟。

【經】十有二年，春，薛伯定卒。

【經】夏，葬薛襄公。

【經】叔孫州仇帥師墮郈。

【傳】墮，猶「取」也。

【集解】陪臣專彊，違背公室，恃城爲固，是以叔孫墮其城。若新得之，故云「墮」。「墮，猶『取』也」，墮，非訓「取」，言今但毀其城，則郈永屬己，若更取邑於他然。

【經】衛公孟彄帥師伐曹。

【經】季孫斯、仲孫何忌帥師墮費。

【經】秋，大雩。

【經】冬，十月，癸亥，公會齊侯盟于黄。

【經】十有一月，丙寅，朔，日有食之。

【經】公至自黄。

【經】十有二月，公圍成。

【補注】月者，爲下致公起。

【傳】非國，不言「圍」〔一〕。

【補注】邑小，不足以「圍」書。

「圍成」，大公也。

【集解】以公之重，而伐小邑，則爲恥深矣。故大公之事，而言「圍」，使若「成」是國然。

【補注】成，魯内邑也。内邑而叛戾不服，且有服之之難，故特言「圍」以崇大其事，使成若國然，是深所以爲内諱恥也。案左傳，魯將墮成，公斂處父謂孟孫曰：「墮成，齊人必至於

〔一〕「不」字原無，石經有，據補。

北門。且成，孟氏之保障，無成，是無孟氏也。子僞不知，我將弗墮。」冬十二月，公圍成，弗克。

【經】公至自圍成。

【傳】何以致？危之也。何危爾？邊乎齊也。

【集解】邊，謂相接。

【補注】成在魯境內，境內無危公之道，不合致之，而此致者，以成是魯北境邊陲之邑，與齊相接，公遠伐之，與將出境同，且恐齊乘亂，故危而致之也。

【經】十有三年，春，齊侯次于垂葭。

【經】夏，築蛇淵囿。

【集解】蛇淵，地名。

【經】大蒐于比蒲。

【補注】不書月者，與昭二十年春「大蒐于昌間」同。

【經】衛公孟彄帥師伐曹。

【經】秋，晉趙鞅入于晉陽以叛。

【傳】「以」者，不以者也。叛，直叛也。

【經】冬，晉荀寅、士吉射入于朝歌以叛。

【經】晉趙鞅歸于晉。

【傳】此叛也，其以「歸」言之，何也？

【集解】據「叛」惡而「歸」善。

貴其以地反也。貴其以地反，則是大利也？非大利也，許悔過也。許悔過，則何以言「叛」也？以地正國也。

【集解】地，謂晉陽也。蓋以晉陽之兵還正國也。公羊傳曰：「逐君側之惡人。」

以地正國，則何以言「叛」？

【集解】據是善事。

其入，無君命也。

【集解】凱曰：「專入晉陽，以興兵甲，故不得不言『叛』。實以驅惡而安君，則釋兵不得不言『歸』。春秋善惡必著之義。」

【補注】公羊云：「其以地正國，奈何？晉趙鞅取晉陽之甲，以逐荀寅與士吉射。荀寅與士吉射者，曷爲者也？君側之惡人也。此逐君側之惡人，曷爲以『叛』言之？無君命也。」

【經】薛弑其君比。

【經】十有四年，春，衛公叔戍來奔。

【經】晉趙陽出奔宋。

【經】二月，辛巳，楚公子結、陳公孫佗人帥師滅頓，以頓子牂歸。

【補注】頓，中國也，故曰。

【經】夏，衛北宫結來奔。

【經】五月，於越敗吴于槜李。

【集解】槜李，吴地。

【經】吴子光卒。

【經】公會齊侯、衛侯于牽。

【集解】牽，地。

【補注】牽，衛地。

【經】公至自會。

【經】秋，齊侯、宋公會于洮。

【經】天王使石尚來歸脤。

【集解】脤，祭肉。天子祭畢，以之賜同姓諸侯，親兄弟之國，與之共福。

【傳】「脤」者，何也？俎實也，祭肉也。生曰「脤」，熟曰「膰」。其辭「石尚」，士也。

【集解】辭，猶「書」也。

何以知其士也？天子之大夫，不名。

【補注】案桓四年「夏，天王使宰渠伯糾來聘」，范君曰：「天子下大夫，老故稱字。」是天子之下大夫，年五十以上，乃得以老故，敬之稱字。雖老，乃敬之稱字，猶見下大夫亦得有不名義也。故傳總其義，曰「天子之大夫，不名」。

石尚欲書春秋，

【集解】欲著名于春秋。

【補注】此「春秋」者，謂魯史記之春秋也。時諸國各有史記，若魯之春秋，晉之乘，楚之檮杌是。案左傳，昭二年春，晉韓宣子來聘魯，觀書於太史氏，見易象與魯春秋，曰：「周禮盡在魯矣。吾乃今知周公之德，與周之所以王也。」易象，文王所制。魯春秋，周公所制。周衰之後，若易象，則諸國多闕，唯魯備焉。若國史記，亦唯魯春秋獨遵周公典法，宣子因嘆美之。蓋魯史舊法，士卑，非至如禮饋交接，例不得以名氏通。石尚，天子元士，殊崇禮義，既睹周室陵遲，知周公典法，遵在魯史，遂請行賑，將欲假禮，權名乎間，使德遺王室，善拔良史爾。禮記云：「凡四代之服、器、官，魯兼用之。是故魯，王禮也，天下傳之久矣，君臣未嘗相弒君也，禮樂、刑法、政俗未嘗相變也。天下以爲有道之國，是故天下資禮樂焉。」説雖近誣，但未誣周公之德盛也。孔子曰：「魯一變，至於道。」正言周公之餘化存。故春秋經用魯史者，實爲其近道而易功然。

諫曰：「久矣，周之不行禮於魯也，請行脤。」貴復正也。

【補注】凡道之行，德之立，公乃正，私乃偏。正捷乘，偏垝體。故春秋崇禮以擥正，尚義以糾偏，貴公賤私，於是道行達而德立定也。石尚請行脤，實襯私焉，然貴之通名氏者，禮既因復，善且遺周，則雖私猶公也。周室衰弱，乾綱廢弛，王卿不能章，大夫不能扶，士其奮事。經於子突，一見也。於石尚，再見也。皆貴乎春秋。

【經】衛世子蒯聵出奔宋。

【經】衛公孟彄出奔鄭。

【經】宋公之弟辰自蕭來奔。

【集解】稱「弟」，猶未失爲弟之行。

【經】大蒐于比蒲。

【補注】雖器械過常，而蒐得其時，故不月。

【經】邾子來會公。

【集解】會公于比蒲。

【經】城莒父及霄。

【集解】無冬，甯所未詳。

【補注】下無冬，蓋闕文。

【經】十有五年，春王，正月，邾子來朝。

【經】鼷鼠食郊牛，牛死，改卜牛。

【集解】不言所食，食非一處而至死。

【傳】不敬莫大焉。

【集解】定公不敬最大，故天災最甚。

【補注】古者，天子、諸侯皆有養獸之官。「郊牛」者，上帝之牲，故及歲時，君必齋戒沐浴，躬親朝之，召牛納視，擇其毛卜之，吉，乃殊别繫養之。將祭，有司必先展察，以備非常，以致嚴潔，敬之至也。案宣三年「郊牛之口傷」，是備災之道既盡，而展道不盡。成七年「鼷鼠食郊牛角」，是展道既盡，而備災之道不盡。今鼷鼠遍食郊牛，至死乃知，是展道與備災之道皆失不盡，故曰「不敬莫大焉」。今之著，由昔之微，於食郊牛，則見公之所行事矣。

【經】二月，辛丑，楚子滅胡，以胡子豹歸。

【經】夏，五月，辛亥，郊。

【集解】譏不時也。

【補注】哀元年傳曰：「郊自正月至于三月，郊之時也。夏四月郊，不時也。五月郊，不時也。」

【經】壬申，公薨于高寢。

【集解】高寢，宮名。

【傳】高寢，非正也。

【補注】劉向云：「諸侯正寢三，一曰『高寢』，二曰『左路寢』，三曰『右路寢』。高寢者，始封君之寢也。二路寢者，繼體之君寢也。其二何？曰：子不居父之寢，故二寢。繼體君世世不可居高祖之寢，故有高寢，名曰『高』也。路寢其立，奈何？高寢立中，路寢左右。」案劉向説「正寢」，似又與鄭玄不同，則未知孰是，然意於此，皆以公爲失其所，非寢疾之正者也。

【經】鄭罕達帥師伐宋。

【經】齊侯、衛侯次于渠蒢。

【集解】渠蒢，地也。

【補注】渠蒢，地闕。

【經】邾子來奔喪。

【補注】奔喪，謂來弔也。邾子來奔喪，非禮，故志之也。

【傳】喪急，故以「奔」言之。

【經】秋，七月，壬申，弋氏卒。

【傳】妾辭也。

【集解】不言夫人薨。

哀公之母也。

【補注】「弋氏」者，哀公之母，定公妾也。妾卑，故不得稱「夫人」而言「薨」也。

【經】八月，庚辰，朔，日有食之。

【經】九月，滕子來會葬。

【集解】邾、滕，魯之屬國。近則來奔喪，遠則來會葬，於長帥之喪，同之王者，書非禮。

【補注】禮，王者之喪，諸侯近者，往弔。其遠者，以不及弔，唯會葬而已。今邾、滕爲屬，魯爲長帥，定公薨，邾子近來奔喪，滕子遠來會葬，其待長帥與待王者同，是魯亢而邾、滕諂也，皆非禮，故志之。

【經】丁巳，葬我君定公，雨，不克葬。

【傳】葬，既有日，不爲雨止，禮也。「雨，不克葬」，喪不以制也。

【經】戊午，日下稷，乃克葬。

【集解】稷，昃也。下昃，謂脯時。

【補注】「日下稷」者，猶「日下昃」，謂申時末，日暮時也。

【傳】「乃」，急辭也，不足乎日之辭也。

【集解】宣八年注詳矣。

【經】辛巳，葬定弋。

【經】冬，城漆。

卷二十

哀公

【補注】哀公名蔣，定公之子，以敬王二十六年即位，即位二十七年而薨。案謚法，恭仁短折曰「哀」。

【經】元年，春王，正月，公即位。

【經】楚子、陳侯、隨侯、許男圍蔡。

【集解】隨久不見者，衰微也。稱「侯」者，本爵俱侯，土地見侵削，故微爾。定六年鄭滅許，今復見者，自復也。

【經】鼷鼠食郊牛角，改卜牛。

【經】夏，四月，辛巳，郊。

【傳】此該郊之變而道之也。

【集解】該，備也。春秋書「郊」終於此，故於此備説郊之變。變，謂郊非其時，或牲被災害。

於變之中，又有言焉。

【集解】於災變之中，又有可善而言者。

「鼷鼠食郊牛角，改卜牛」，志不敬也。郊牛日，展觓角而知傷，展道盡矣。

【集解】展道雖盡，所以備災之道不盡。譏哀公不敬，故致天變。

郊，自正月至于三月，郊之時也。夏四月郊，不時也。五月郊，不時也。夏之始，可以承春。以秋之末承春之始，蓋不可矣。

【集解】凱曰：「不時之中，有差劇也。夏始承春，方秋之末，猶爲可也。」

【補注】郊是春事，自正月至於三月，此三春之月，是郊天之正時。較而言之，若郊在四月，其以夏之始而承春事，雖亦非禮，過差猶少。五月，則過差稍多。案成十七年「九月，辛丑，用郊」，是郊在九月，秋之末也。以秋之末而承春事，則過差極多，尤不可也。

「九月，用郊」，「用」者，不宜用者也。

【集解】在成十七年。

郊，三卜，禮也。

【集解】以十二月下辛卜正月上辛，如不從，則以正月下辛卜二月上辛，如不從，則以二月下辛卜三月上辛，所謂「三卜」也。鄭嗣曰：「謂卜〔一〕一辛而三也。求吉之道三，故曰『禮也』。」

四卜，非禮也。

【集解】僖三十一年、襄十一年皆四卜。

五卜，彊也。

【集解】成十年五卜。

卜免牲者，吉則免之，不吉則否。牛傷，不言傷之者，傷自牛作也，故其辭緩。

【集解】宣三年「郊牛之口傷」，以牛自傷，故加「之」，言「緩辭」。

〔一〕「卜」，原誤作「下」，據鍾本改。

全曰「牲」，傷曰「牛」，未牲曰「牛」。其牛一也，其所以爲「牛」者異。

【集解】已卜日成牲而傷之曰「牛」，未卜日未成牲之「牛」，二者不同。

有變而不郊，故卜免牛也。已「牛」矣，其尚卜免之，何也？

【集解】災傷，不復以郊。怪復卜免之。

禮，與其亡也，寧有。

【集解】於禮，有卜之與無卜，寧當有卜〔一〕。

嘗置之上帝矣。故卜而後免之，不敢專也。

【集解】嘗置之滌宮，名之爲上帝牲矣，故不敢擅施也。

卜之不吉，則如之何？不免。安置之？繫而待。六月上甲始庀牲，然後左右之。

【集解】庀，具也。待具後牲，然後左右前牛，皆我用之，不復須卜，已有新牲故也。周禮曰，司門掌授管鍵，以啓閉國門。祭祀之牛牲繫焉。然則未左右時，監門者養之。

【補注】上甲，謂月之上旬甲日。左右之，謂擇用在己。

〔一〕「寧當有卜」，原誤作「寧嘗有未」，據鍾本改。

子之所言者，牲之變也，而曰我一該郊之變而道之，何也？

【補注】「子之」至「何也」，是弟子問穀梁子之辭。下「我以」至「該郊」，是穀梁子答弟子之辭。

我以六月上甲始庀牲，十月上甲始繫牲。十一月、十二月，牲雖有變，不道也。

【集解】牲有變，則改卜牛，以不妨郊事，故不言其變。

待正月，然後言牲之變，此乃所以該郊。

【集解】至郊時，然後言其變，重其妨郊也。十二月不道，自前可知也。至正月然後道，則二月、三月亦可知也。「此所以該郊」，言其變道盡。

【補注】六月上甲，始簡具牲，猶未繫養，若牲有變，則七月、八月、九月上甲皆可簡具新牲，待十月，始繫養之。若牲有變，則改卜牲，取其吉者，以不妨郊事，故不言牲之變，許其有變道故也。十一月、十二月亦然。惟自正月，若牲有變，以恐妨郊事，乃始言牲之變，以其變道盡故也。二月、三月亦然。

郊，享道也。貴其時，大其禮。其養牲，雖小不備，可也。

【集解】「享」者，飲食之道。牲有變，則改卜牛。郊日已逼，庀繫之禮，雖小不備，合時得禮，用之可也。

子不志[一]三月卜郊，何也？

【集解】三月，謂十二月、正月、二月也。

郊，自正月至于三月，郊之時也。

【集解】有變乃志，常事不書。

我以十二月下辛卜正月上辛，如不從，則以正月下辛卜二月上辛，如不從，則以二月下辛卜三月上辛，如不從，則不郊矣。

【集解】意欲郊，而卜不吉，故曰「不從」。郊，必用上辛者，取其新潔莫先也。

【經】秋，齊侯、衛侯伐晉。

【經】冬，仲孫何忌帥師伐邾。

[一]「志」，原誤作「忘」，據石經本改。

【經】二年，春王，二月，季孫斯、叔孫州仇、仲孫何忌帥師伐邾，取漷東田。

【傳】漷東未盡也。

【經】及沂西田。

【傳】沂西未盡也。

【補注】此接上經「取漷東田」。

【集解】漷、沂，皆水名。邵曰：「以其言『東』、『西』，則知其未盡也。」

【經】癸巳，叔孫州仇、仲孫何忌及邾子盟于句繹。

【集解】句繹，邾地。

【傳】三人伐，而二人盟，何也？各盟其得也。

【集解】季孫不得田，故不與盟。

【經】夏，四月，丙子，衛侯元卒。

【經】滕子來朝。

【經】晉趙鞅帥師納衛世子蒯聵于戚。

【集解】鄭君曰：「蒯聵欲殺母，靈公廢之，是也。若君薨，有反國之道，當稱子某，如齊子糾也。今稱『世子』，如君存，是春秋不與蒯聵得反立，明矣。」江熙曰：「鄭世子忽反正有明文，子糾但於公子爲貴，非世子也。」

【傳】「納」者，内弗受也。帥師而後納者，有伐也。何用弗受也？以輒不受也。以輒不受父之命，受之王父也。信父，而辭王父，則是不尊王父也。其弗受，以尊王父也。

【集解】甯不達此義。江熙曰：「齊景公廢世子，世子還國書篡。若靈公廢蒯聵，立輒，則蒯聵不得復稱曩日世子也。稱蒯聵爲『世子』，則靈公不命輒，審矣。此矛楯之喻也。然則從王父之言，傳似失矣。經云『納衛世子』，『鄭世子忽復歸于鄭』，稱『世子』，明正也。明正，則拒之者非邪？」

【補注】蒯聵，靈公子也。輒，蒯聵子也。蒯聵得罪於君父君母，出奔，靈公命絶之，更立輒。今靈公薨，未葬，若與蒯聵之正，則宜稱子某，不宜稱「世子」。經不稱所宜稱，反稱所不宜稱者，是變例也，反譏之辭也。反譏之辭，適所以見蒯聵之不正，輒因而可拒也。父，親也。王父，尊也。蒯聵既以王父之命絶之矣，輒既以王父之命受之矣。君子不以親親害尊尊，此春秋之義也。案桓十五年鄭世子忽稱「世子」，見不與突之奪正，且以見忽之正。昭十一年，蔡世子友稱「世子」，見不與楚殺。此衛世子蒯聵稱「世子」，見其不正，因而可拒。皆變例也，義相異耳。

【經】秋，八月，甲戌，晉趙鞅帥師及鄭罕達帥師戰于鐵，鄭師敗績。

【集解】鐵，衛地。

【經】冬，十月，葬衛靈公。

【集解】七月葬，蒯聵之亂故也。

【經】十有一月，蔡遷于州來。

【經】蔡殺其大夫公子駟。

【經】三年，春，齊國夏、衛石曼姑帥師圍戚。

【傳】此衛事也，其先國夏，何也？子不圍父也。不繫「戚」於「衛」者，子不有父也。

【集解】江熙曰：「國夏首兵，則應言『衛戚』。今不言者，辟子有父也。子有父者，「戚」繫「衛」，則爲大夫屬于衛。子圍父者，謂人倫之道絶。故以齊首之。」

【補注】邑之屬國，猶臣之屬君。戚，衛邑也，固當繫「衛」。此不繫者，蒯聵在戚，繫之，則蒯聵亦從戚將屬輒矣。父而屬子，非人倫也。義既弗與，因不繫之，使大若國，所以大人倫也。

【經】夏，四月，甲午，地震。

【補注】劉向以爲，是時諸侯皆信邪臣，莫能用仲尼，盜殺蔡侯，齊陳乞弑君。

【經】五月，辛卯，桓宫、僖宫災。

【補注】桓，哀八世祖；僖，哀六世祖，皆親過高祖，而廟猶立，固非禮也。案左傳，孔子在陳，聞火，曰：「其桓、僖乎！」杜預云：「言桓、僖親盡，而廟不毀，宜爲天所災。」

【傳】言「及」，則祖有尊卑。

【集解】解經不言「及」僖。

由我言之，則一也。

【集解】遠祖，恩無差降如一，故不言「及」。

【補注】春秋之義，凡言「及」者，皆以尊及卑，以大及小。其若尊卑、大小敵，則並言之。桓、僖，於定之世，同爲遠祖，恩無差降，尊卑如一，故無所言「及」也。

【經】季孫斯、叔孫州仇帥師城啓陽。

【集解】稱「帥師」，有難。

【經】宋樂髡帥師伐曹。

【經】秋，七月，丙子，季孫斯卒。

【經】蔡人放其大夫公孫獵于吴。

【集解】宣元年「晉放其大夫胥甲父于衛」，傳曰：「稱國以放，放無罪也。」然則稱「人」以放，放有罪也。

【經】冬，十月，癸卯，秦伯卒。

【經】叔孫州仇、仲孫何忌帥師圍邾。

【經】四年，春王，二月，庚戌，盗弑蔡侯申。

【傳】稱「盜」以弒君，不以上下道道也。

【集解】以上下道道者，若「衞祝吁弒其君完」之類是。直稱「盜」，不在人倫之序。

【補注】「盜」者，亦至賤之稱也，故不納於君臣之列。

内其君，而外弒者，

【補注】外，謂稱「盜」，不稱臣。案襄二十九年「閽弒吴子餘祭」，是雖不得君其君，而猶得以内稱臣也。

不以弒道道也。

【集解】襄七年鄭伯將會中國，其臣欲從楚，不勝其臣，弒而死，不使夷狄之民加乎中國之君，故曰「鄭伯髡原如會，未見諸侯。丙戌，卒于操」，是不以弒道道也。

春秋有三盜：微殺大夫，謂之「盜」。

【集解】十三年冬「盜殺陳夏區夫」是。

非所取而取之，謂之「盜」。

【集解】定八年陽貨取寶玉、大弓是。

辟中國之正道以襲利，謂之「盜」。

【集解】即殺蔡侯申者是，非微者也。

【補注】「閽弒吴子餘祭」不稱「盜」者，以不在「三盜」之例故。

【經】蔡公孫辰出奔吴。

【經】葬秦惠公。

【經】宋人執小邾子。

【經】夏，蔡殺其大夫公孫姓、公孫霍。

【經】晉人執戎蠻子赤，歸于楚。

【經】城西郛。

【集解】郛，郭也。

【經】六月，辛丑，亳社災。

【集解】殷都于亳，武王克紂，而班列其社于諸侯，以爲亡國之戒。劉向曰：「災亳社，戒人君縱恣，不能警戒之象。」

【傳】「亳社」者，亳之社也。亳，亡國也。

【集解】亳，即殷也。殷都于亳，故因謂之「亳社」。

亡國之社，以爲廟屏，戒也。

【集解】立亳之社於廟之外，以爲屏蔽，取其不得通天。人君瞻之，而致戒心。

【補注】王者、諸侯必有戒社者，所以示有存亡也。明爲善則得之，爲惡則失之。

其屋，亡國之社，不得上達也。

【集解】必爲之作屋，不使上通天也。緣有屋，故言「災」。

【補注】凡覆於上者謂之「屋」。社，不爲之作屋，必使受霜露風雨，所以達天地之氣也。郊特牲云：「喪國之社，屋之，不受天陽也。」天有生法，亡國之社，無生之義，故作屋以隔之，明不受天陽，不得上達，唯通其陰而已矣。

【經】秋，八月，甲寅，滕子結卒。

【經】冬，十有二月，葬蔡昭公。

【集解】不書弑君〔一〕之賊，而昭公書「葬」，既謂之「盜」，若殺微賤小人，不足録之。

〔一〕「君」，原誤作「其」，據鍾本改。

【補注】蔡昭公書「葬」，見已討賊，而經無討賊之文者，上既稱「盜」弑，則是極賤之，賤者雖討，亦不足録也。

【經】葬滕頃公。

【經】五年，春，城毗。

【經】夏，齊侯伐宋。

【經】晉趙鞅帥師伐衛。

【經】秋，九月，癸酉，齊侯杵臼卒。

【經】冬，叔還如齊。

【經】閏月，葬齊景公。

【傳】不正其閏也。

【集解】閏月，附月之餘日，喪事不數。

【經】六年，春，城邾瑕。
【經】晉趙鞅帥師伐鮮虞。
【經】吳伐陳。
【經】夏，齊國夏及高張來奔。
【經】叔還會吳于柤。
【經】秋，七月，庚寅，楚子軫卒。
【經】齊陽生入于齊。
【經】齊陳乞弒其君荼。
【集解】不日，荼不正也。
【傳】陽生入而弒其君，以陳乞主之，何也？不以陽生君荼也。其不以陽生君荼，何也？陽生正，荼不正。不正，則其曰「君」，何也？荼雖不正，已受命矣。
【集解】已受命于景公而立，故可言「君」。
「入」者，内弗受也。荼不正，何用弗受？以其受命，可以言「弗受」也。

【集解】先君已命立之，於義可以拒之。

陽生其以國氏，何也？取國于荼也。

【集解】何休曰：「即不使陽生以荼爲君，不當去『公子』，見當國也。又穀梁以爲國氏者，取國于荼。齊小白又不取國于子糾，無乃近自相反乎？」鄭君釋之曰：「陽生篡國，故不言『公子』。不使君荼，謂書陳乞弒君爾。荼與小白，其事相似。荼弒，乃後立。小白立，乃後弒。雖然，俱簒國而受國焉爾。傳曰『齊小白入于齊，惡之也』，『陽生其以國氏何？取國于荼也』，義適互相足，又何自反乎？子糾宜立，而小白篡之，非受國于子糾，則將誰乎？」

【經】冬，仲孫何忌帥師伐邾。

【經】宋向巢帥師伐曹。

【經】七年，春，宋皇瑗帥師侵鄭。

【經】晉魏曼多帥師侵衛。

【經】夏，公會吴于繒。

【經】秋，公伐邾。

【經】八月，己酉，入邾，以邾子益來。

【補注】此接上經「公伐邾」。

【傳】「以」者，不以者也。

【集解】夫諸侯有罪，伯者雖執，猶以歸于京師。魯非霸主，而擅相執録，故日入，以表惡之。

益之名，惡也。

【集解】惡其不能死社稷。

【補注】案左傳，公伐邾，及范門，猶聞鐘聲。大夫諫，邾子不聽。茅成子請告於吴，又不許，曰：「魯擊柝，聞於邾、吴二千里，不三月不至，何及於我？且國内豈不足？」魯遂入邾，獲邾子於繹山。歸，囚之於負瑕，並遷繹山之民於負瑕，使相就，以辱之。夫天子之封諸侯，將以慎爲天子守土也。今邾子輕天子之土，不知戒備，易爲魯獲，恥既甚，而不能死國，故惡之也。

春秋有臨天下之言焉，

【集解】徐乾曰：「『臨』者，撫有之也。王者無外，以天下爲家，盡其有也。」

【補注】此言天下之道。「臨天下」者，謂天王也。王者臨有天下，無外之辭，若桓八年「祭公來，遂逆王后于紀」直稱「王后」，傳曰「天子無外，王命之，則成矣」是也。

有臨一國之言焉，

【集解】諸侯之臨國，亦得有之，如王於天下。

【補注】此言一國之道。「臨一國」者，謂諸侯也。諸侯臨有一國，無外其國，若昭二十六年「公至自齊，居于鄆」言「至自齊」，傳曰「道義不外公」是也。

有臨一家之言焉。

【集解】大夫臨家，猶諸侯臨國。

【補注】此言一家之道。家，謂采地。「臨一家」者，謂大夫也。若天子之大夫氏采爲家是也。

其言「來」者，有外魯之辭焉。

【集解】非己內有，從外來者，曰「來」。今魯侯身自以歸，而曰「來」，是外之也。

【補注】魯不秉於天子，擅執諸侯，私將治之，是外王命也。春秋之義，不以親親害尊尊，故君子亦即魯之外王命而外魯焉。

【經】宋人圍曹。

【經】冬，鄭駟弘帥師救曹。

【經】八年，春王，正月，宋公入曹，以曹伯陽歸。

【經】吴伐我。

【補注】魯執邾子歸，邾茅成子以束帛乘韋自請救於吴，吴子從之，遂伐魯。

【經】夏，齊人取讙及闡。

【集解】宣元年傳曰「内不言『取』。言『取』，授之也」，以是爲賂齊。此言「取」，蓋亦賂也。魯前年伐邾，以邾子益來，益，齊之甥也。畏齊，故賂之。

【傳】惡内也。

【補注】惡魯之陵邾犯齊，終以賂喪邑。

【經】歸邾子益于邾。

【集解】畏〔一〕齊故也。

【補注】不言「邾子益歸」者，以魯主其事，内外異辭爾。

【傳】益之名，失國也。

【集解】於王法當絶故。

【補注】案上七年「以邾子益來」既稱名，此歸再稱名，下十年「邾子益來奔」又稱名，出入皆名，則見是於王法當絶之故也，義與衛侯朔出入皆名同。

【經】秋，七月。

【經】冬，十有二月，癸亥，杞伯過卒。

【經】齊人歸讙及闡。

【集解】凱曰：「歸邾子，故亦還其賂。」

【經】九年，春王，二月，葬杞僖公。

〔一〕「畏」，原誤作「侵」，據鍾本改。

【經】宋皇瑗帥師取鄭師于雍丘。

【集解】雍丘，地也。

【補注】雍丘，宋地。

【傳】「取」，易辭也。以師而易取，鄭病矣。

【集解】以師之重，而宋以易得之辭言之，則鄭師將劣矣。

【經】夏，楚人伐陳。

【經】秋，宋公伐鄭。

【經】冬，十月。

【經】十年，春王，二月，邾子益來奔。

【經】公會吴伐齊。

【經】三月，戊戌，齊侯陽生卒。

【經】夏，宋人伐鄭。

【經】晉趙鞅帥師侵齊。

【經】五月，公至自伐齊。

【集解】傳例曰，惡事，不致。公會夷狄，伐齊之喪，而致之，何也？莊六年「公至自伐衛」，傳曰「不致，則無以見公惡事之成也」，將宜從此之例。

【經】葬齊悼公。

【經】衛公孟彄自齊歸于衛。

【經】薛伯夷卒。

【經】秋，葬薛惠公。

【經】冬，楚公子結帥師伐陳。

【經】吴救陳。

【補注】此承上經「伐陳」。

【經】十有一年，春，齊國書帥師伐我。

【經】夏，陳轅頗出奔鄭。

【經】五月，公會吴伐齊。

【經】甲戌，齊國書帥師及吴戰于艾陵，齊師敗績，獲齊國書。

【集解】與華元同義。艾陵，齊地。

【補注】此接上經「伐齊」。戰唯及吴者，杜預、何休皆以爲魯與伐而不與戰。

【經】秋，七月，辛酉，滕子虞母卒。

【經】冬，十有一月，葬滕隱公。

【經】衛世叔齊出奔宋。

【經】十有二年，春，用田賦。

【集解】古者，九夫爲「井」，十六井爲「丘」。丘賦之法，因其田財，通共出馬一匹，牛三頭。今別其田及家財，各出此賦。言「用」者，非所宜用。

【補注】上取下財曰「賦」。

【傳】古者，公田什一。「用田賦」，非正也。

【集解】古者，五口之家，受田百畝，爲官田十畝，是爲私得其什，而官稅其一，故曰「什一」。周謂之「徹」，殷謂之「助」，夏謂之「貢」，其實一也，皆通法也。今〔一〕乃棄中平之法，而田、財並賦，言其賦民甚矣。

【經】夏，五月，甲辰，孟子卒。

【傳】「孟子」者，何也？昭公夫人也。其不言「夫人」，何也？諱取同姓也。

【集解】葬，當書姓。諱，故亦不書「葬」。

【補注】禮，取當於異姓，所以附遠厚別，使無相褻也。案春秋，若稱「夫人」而書「葬」，皆當言姓氏。經以諱取同姓，故不言「夫人」，亦不書「葬」。既不言「夫人」，故卒亦不得言「薨」。案論語，陳司敗問：「昭公知禮乎？」孔子曰：「知禮。」孔子退，揖巫馬期而進之，曰：「吾聞君子不黨，君子亦黨乎？君取於吳，爲同姓，謂之『吳孟子』。君而知禮，孰不知禮？」巫馬期以告。子曰：「丘也幸，苟有過，人必知之。」則稱「孟子」者，是魯人知其

〔一〕「今」，原誤作「令」，據鍾本改。

非禮，諱不稱「姬氏」，而常言稱「孟子」，故經亦仍之。

【經】公會吴于槖皋。

【集解】槖皋，某地。

【補注】槖皋，吴地。

【經】秋，公會衛侯、宋皇瑗于鄖。

【集解】鄖，某地。

【補注】鄖，蓋吴地。

【經】宋向巢帥師伐鄭。

【經】冬，十有二月，螽。

【經】十有三年，春，鄭罕達帥師取宋師于嵒。

【補注】嵒，鄭地。

【傳】「取」，易辭也。以師而易取，宋病矣。

【經】夏，許男成卒。

【經】公會晉侯及吴子于黄池。

【集解】「及」者，書尊及卑也。黄池，某地。

【補注】黄池，蓋衛地。案成十五年「冬，十有一月，叔孫僑如會晉士燮、齊高無咎、宋華元、衛孫林父、鄭公子鰌、邾人，會吴于鍾離」，不列吴於諸侯，而别爲之言「會」，是見外之。此不别言會吴子者，以吴子之進，故不外之。雖不外之，猶卑於諸夏，故不列數，而唯言「及」，以著其尊卑也。時諸侯皆來，但舉晉、吴者，義與僖三年陽穀之會同。

【傳】黄池之會，吴子進乎哉，遂「子」矣。

【集解】進，遂稱「子」。

吴，夷狄之國也，祝髮文身。

【集解】祝，斷也。文身，刻畫其身以爲文也。必自殘毁者，以辟蛟龍之害。

【補注】荆、揚之域，厥土塗泥，人多游水，故刻畫其身，爲蛟龍之文，示與相同類，以辟其害。

欲因魯之禮，因晉之權，而請冠端而襲。

【集解】襲，衣冠。端，玄端。

【補注】魯秉周禮，晉爲二伯，故吴子欲因禮借勢焉。

其藉于成周，

【集解】藉，謂貢獻。

以尊天王，吴進矣。吴，東方之大國也。累累致小國以會諸侯，以合乎中國。

【集解】累累，猶「數數」也。

【補注】數致小國以合中國，積於其善，故曰「累累」。

吴能爲之，則不臣乎？

【集解】言其臣也。

吴進矣。「王」，尊稱也。「子」，卑稱也。辭尊稱，而居卑稱，以會乎諸侯，以尊天王。

【補注】辭，謂讓而不受也。吴自黄池之會前，常僭號稱「王」，今去僭號而稱「子」，是其能服膺禮義，撙節退讓，以會諸侯，以尊天王也。

吴王夫差曰：「好冠來。」孔子曰：「大矣哉！夫差未能言冠，而欲冠也。」

【集解】不知冠有差等，唯欲好冠。

【補注】言夫差不知冠道，唯欲好冠，雖不盡禮，猶大其能慕中國，用夏變夷也。劉向云：「知天道者，冠鉥。知地道者，履蹻。能治煩決亂者，佩觿。能射御者，佩韘。能正三軍者，搢笏。衣，必荷規而承矩，負繩而準下。故君子衣服中而容貌得，接其服而象其德。故望玉貌，而行能有所定矣。」

【經】楚公子申帥師伐陳。

【經】於越入吴。

【經】秋，公至自會。

【集解】吴進稱「子」，又會晉侯，故致也。

【經】晉魏曼多帥師侵衛。

【經】葬許元公。

【經】九月，螽。

【經】冬，十有一月，有星孛于東方。

【集解】不書所孛之星，而曰「東方」者，旦，方見孛，衆星皆没故。

【補注】案文十四年「有星孛入于北斗」，昭十七年「有星孛于大辰」，皆書所孛之星。此不書者，以在旦明之時，見有星孛於東方，旦明，則日時既出，其東方常見之星皆没不可見，可見唯此孛星爾，故因可見而得書所孛之方，因不可見而不得書所孛之星也。劉向以爲，以辰乘日而出，亂氣蔽君明也。

【經】盜殺陳夏區夫。

【集解】傳例曰，微殺大夫謂之「盜」。

【經】十有二月，螽。

【經】十有四年，春，西狩獲麟。

【集解】杜預曰：「孔子曰：『文王既没，文不在兹乎？』此制作之本旨。又曰：『鳳鳥不至，河不出圖，吾已矣夫。』斯不王之明文矣。」夫關雎之化，王者之風。麟之趾，關雎之應也。然則斯麟之來，歸於王德者矣。春秋之文廣大悉備，義始於隱公，道終於獲麟。

【傳】引取之也。

【集解】言「引取之」，解經言「獲」也。傳例曰，諸「獲」者，皆不與也，故今言「獲」。麟自爲孔子來，魯引而取之，亦不與魯之辭也。

【補注】麟者，王瑞也。魯引麟來之瑞，取作國史記，使若麟爲魯來爾。但魯無王瑞，麟不宜來，而來，知非爲魯也，故經曰「獲」，傳曰「引取之」，皆見不與魯之辭。然麟之來，實爲孔子也。

狩，地。不地，不狩也。

【補注】案春秋，狩，當言地，若桓四年「公狩于郎」、莊四年「公及齊人狩于郜」皆言地。此狩不言地，知實非狩也。

非狩而曰「狩」，大獲麟，故大其適也。

【集解】適，猶「如」也，「之」也。非狩而言「狩」，大得麟，故以大所如者名之也。且實狩，當言「冬」，不當言「春」。

【補注】夫麟之爲物也，麇身，牛尾，馬足，黄色，圓蹄，一角，角端有肉。其音中鐘吕，行中規矩，游必擇地，詳而後處。不履生蟲，不踐生草。不群居，不侶行。不入陷阱，不罹羅網，王者至仁則出。禮運云：「麟、鳳、龜、龍，謂之『四靈』。」以四者皆有神靈，異於他物，故謂之「靈」也。又大戴禮云：「有羽之蟲三百六十，而鳳凰爲之長。有毛之蟲三百六十，而麒麟爲之長。有甲之蟲三百六十，而神龜爲之長。有鱗之蟲三百六十，而蛟龍爲之長。倮之蟲三百六十，而聖人爲之長。此乾坤之美類，禽獸萬物之數也。故帝王好壞巢破卵，則鳳凰不翔焉。好竭水搏魚，則蛟龍不出焉。好刳胎殺夭，則麒麟不來焉。好填谿塞谷，則神龜不出焉。故王者動必以道，靜必以理。動不以道，靜不以理，則自夭而不壽，訞孽數起，神靈不見，風雨不時，暴風水旱並興，人民夭死，五穀不滋，六畜不蕃息。」故麟者，仁獸也。太平之符，聖人之類，爲王者嘉瑞。今得獲之，故大之也。大之，而以「狩」言者，狩，冬田也。四時之田，其三時於物皆有所擇取，唯冬時物畢成，獲即取之，大無所擇也。又不言地，而以「西」言者，亦大之之義也。

其不言「來」，不外麟於中國也。其不言「有」，不使麟不恒於中國也。

【集解】雍曰：「中國者，蓋禮義之鄉，聖賢之宅。軌儀表於遐荒，道風扇於不朽。麒麟步郊，不爲暫有。鸞鳳棲林，非爲權來。雖時道喪，猶若不喪。雖麟一降，猶若其常。鸜鵒，非魯之常禽。蜚、蜮，非祥瑞〔一〕之嘉蟲。故經書其『有』，以非常有。此所

〔一〕「祥瑞」，原誤作「葬端」，據鍾本改。

以取貴于中國，春秋之意義也。」

【補注】凡自外來曰「來」，言「來」，則嫌見其「外」。一有一亡曰「有」，言「有」，則嫌見其「亡」。夫麟者，仁獸也。太平之符，聖人之類，所使爲道徵也。君子貴仁而重道，立一身若立中國，存中國若存一身。雖仁之不宣，猶以仁宣之。雖道之不顯，猶以道顯之。必不欲仁隔一身，必不欲道闇中國。故不言「來」，亦不言「有」，用將長仁於一身，貫道於中國也。吾徒因是，乃知春秋義唯至正、德唯至公矣。